本书受山西省"服务产业创新学科群建设计划":智慧物流管⋯
2019年度山西省高等学校哲学社会科学研究项目资助(2019W0⋯
改革创新项目资助(J20220041)。

U0461547

考虑乘客等待行为的

柔性路径公交车实时调度方法

吴丽荣 ◎ 著

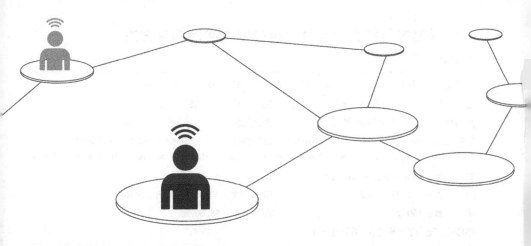

知识产权出版社
全国百佳图书出版单位
——北京——

图书在版编目（CIP）数据

考虑乘客等待行为的柔性路径公交车实时调度方法/吴丽荣著. —北京：知识产权出版社，2024.1

ISBN 978 - 7 - 5130 - 8918 - 0

Ⅰ.①考… Ⅱ.①吴… Ⅲ.①公交车辆—车辆调度—方法研究 Ⅳ.①U492.4

中国国家版本馆 CIP 数据核字（2023）第 184529 号

责任编辑：国晓健　　　　　　　　责任校对：谷　洋
封面设计：臧　磊　　　　　　　　责任印制：孙婷婷

考虑乘客等待行为的柔性路径公交车实时调度方法

吴丽荣　著

出版发行：	知识产权出版社有限责任公司	网　　址：	http：//www.ipph.cn
社　　址：	北京市海淀区气象路50号院	邮　　编：	100081
责编电话：	010 – 82000860 转 8385	责编邮箱：	guoxiaojian@ cnipr.com
发行电话：	010 – 82000860 转 8101/8102	发行传真：	010 – 82000893/82005070/82000270
印　　刷：	北京中献拓方科技发展有限公司	经　　销：	新华书店、各大网上书店及相关专业书店
开　　本：	880mm×1230mm　1/32	印　　张：	6
版　　次：	2024 年 1 月第 1 版	印　　次：	2024 年 1 月第 1 次印刷
字　　数：	150 千字	定　　价：	58.00 元

ISBN 978 – 7 – 5130 – 8918 – 0

前　言

　　柔性路径公交车系统属于特殊客运服务系统，如果在公交车调度过程中忽略乘客的等待心理和行为，单纯从成本的角度去调度公交车，其结果将违背服务系统"以人为本"的宗旨。柔性公交车服务系统中最关键的要素是人及其行为，调度时需要充分考虑人的"有限理性"心理和行为特征。因此，从乘客等待行为的视角深入研究存在两阶段等待过程的柔性路径车辆实时调度问题具有重要的现实意义和理论意义。然而，柔性路径车辆实时调度问题本身就是 NP 难问题，乘客等待过程中产生的"有限理性"心理和行为是一个复杂的过程，两者融合后使得模型的复杂性显著增大。本书针对该问题的难点和特征，通过引入运筹学、等待心理学、行为科学、智能算法等领域相关的理论与方法，深入研究乘客的等待心理和行为，设计提高系统柔性的调度策略以及响应动态乘客请求的策略，构建考虑乘客等待行为的柔性路径公交车实时调度模型，并针对模型的复杂性设计相应的元启发式求解算法对模型求解。本书的主要研究工作如下。

　　（1）柔性路径公交车实时调度问题的分析及其调度原理。分析柔性路径公交车实时调度的问题特征，考虑乘客等待行为后对原调度问题的影响，从公交车响应动态请求的策略与实时调度策略两方面为实时响应动态乘客请求提供调度原理，并剖析柔性路径公交车实时调度涉及的等待行为和等待心理的相关理论。

（2）构建考虑乘客等待行为的柔性路径公交车实时调度模型。对建模涉及的行为要素进行分析，主要包括参照点理论、关于"得""失"的价值函数、群体等待行为、恐惧心理、社会不公平性等；将这些行为特征量化表达后，嵌入传统的柔性路径公交车实时调度模型中，以最大化乘客满意度为优化目标，构建了考虑乘客等待行为的柔性路径公交车实时调度模型。

（3）考虑乘客等待行为的柔性路径公交车实时调度模型的求解方法。考虑乘客等待行为的柔性路径公交车实时调度模型属于多目标的动态优化问题，本研究首先将问题分阶段处理后转化为序贯决策问题，将每一阶段简化成静态问题，结合 NSGA – Ⅱ算法求解此多目标优化问题。

（4）考虑乘客等待行为的柔性路径公交车实时调度模型的数值实验分析。针对第 2 章中的调度策略、响应需求策略以及关于等待行为的各个参数进行了数值实验，分别验证了调度策略的有效性，以及等待行为中占主导地位的影响决策的行为特征。针对数值实验分析的结果，为柔性路径公交车运营企业提供管理上的决策建议。

本书针对考虑乘客等待心理与行为的柔性路径公交车实时调度这一复杂的优化决策问题，结合行为学、心理学、运筹学以及计算智能等理论，在行为运作管理的研究指导下，在柔性路径公交车实时调度方向做了探索性研究。本项研究能够从乘客等待行为的视角为柔性路径公交车实时调度工作提供决策支持，对柔性路径公交车运营企业提高客户满意度具有重要的现实意义，对求解多目标动态优化问题也具有重要的理论意义。

目　录

第1章　绪　论 …………………………………………… 1

1.1　柔性路径公交实时调度研究的重要性 ……………… 1

1.1.1　柔性路径公交系统调度问题及对策 …………… 1

1.1.2　研究柔性路径公交实时调度方法的理论

意义和应用价值 ………………………………… 5

1.2　国内外关于等待心理行为和实时调度研究的概述 …… 6

1.2.1　乘客等待心理和行为的研究概况 ……………… 7

1.2.2　柔性路径公交车实时调度模型和策略

研究的概况 ……………………………………… 24

1.2.3　求解车辆路径问题的算法研究进展 …………… 43

1.2.4　柔性路径公交实时调度研究所遇到的问题 …… 57

1.3　本书的主要研究内容与思路 …………………………… 60

1.3.1　研究内容 ………………………………………… 60

1.3.2　研究思路 ………………………………………… 62

1.3.3　篇章结构 ………………………………………… 63

第2章　柔性路径公交车实时调度问题及乘客

等待行为的分析 ……………………………………… 66

2.1　问题描述 ………………………………………………… 66

2.2 问题特征分析 ·· 70

  2.2.1 与其他柔性路径问题的区别 ···················· 70

  2.2.2 柔性路径公交车实时调度问题归类 ············ 71

2.3 扰动度量分析 ·· 72

2.4 公交车实时响应与调度策略分析 ················· 74

  2.4.1 允许绕道 ··· 74

  2.4.2 动态请求点的响应 ································· 76

  2.4.3 公交车出发条件的判断 ·························· 77

2.5 乘客等待行为的分析 ··································· 79

  2.5.1 乘客等待行为涉及的主要理论 ················· 80

  2.5.2 乘客等待行为的特征分析 ······················ 87

2.6 本章小结 ·· 92

第3章 考虑乘客等待行为的柔性路径公交车

      实时调度模型 ··· 93

3.1 变量及假定条件 ·· 93

  3.1.1 问题简化及假设 ···································· 93

  3.1.2 建模涉及的关键要素分析及其变量假定 ····· 95

3.2 考虑乘客等待行为的柔性路径公交车实时

      调度多目标模型 ······································ 106

  3.2.1 建模思路 ··· 106

  3.2.2 目标函数与约束条件 ····························· 108

3.3 本章小结 ·· 113

第4章 考虑乘客等待行为的实时调度模型的求解方法 ····· 114

4.1 模型的复杂性分析及其求解思路 ··············· 114

  4.1.1 模型的复杂性分析 ································· 114

4.1.2　求解思路 ·············· 118

4.2　求解多目标动态优化问题的算法设计 ············ 122

4.2.1　算法难点分析 ············· 122

4.2.2　改进的第二代非支配排序遗传算法设计 ······· 123

4.3　算法的求解步骤 ············· 126

4.4　本章小结 ··············· 129

第5章　数值实验 ··············· 130

5.1　算例及参数说明 ············· 130

5.2　数值分析 ··············· 133

5.2.1　考虑乘客等待心理与行为的模型与传统
模型的对比分析 ············· 133

5.2.2　响应策略和调度策略的数值实验分析 ····· 139

5.2.3　乘客心理及行为参数的灵敏度分析 ······ 144

5.3　管理决策建议 ·············· 150

5.4　本章小结 ··············· 152

第6章　结论与展望 ··············· 153

6.1　主要创新性成果 ············· 153

6.2　展　望 ··············· 154

参考文献 ··············· 156

附录　考虑乘客等待行为的实时调度模型的帕累托
最优解集 ··············· 173

图目录

图 1.1 五种响应需求的公共交通模式 ……………… 29

图 1.2 求解算法之间的关系 ……………………… 44

图 1.3 技术路线 ………………………………… 63

图 1.4 本书的篇章结构 …………………………… 65

图 2.1 柔性路径公交车运行区域示意 ……………… 67

图 2.2 乘客的不满意度与响应时间和绕行时间
之间的关系 …………………………………… 69

图 2.3 允许绕道策略示意 ………………………… 75

图 2.4 动态请求点的响应策略示意 ………………… 77

图 2.5 前景理论中"得"与"失"示意图 ………… 83

图 2.6 乘客等待行为的价值函数的构成原理 ……… 87

图 2.7 乘客等待的绝对时间与乘客满意度关系 …… 91

图 3.1 问题简化示意 ……………………………… 94

图 3.2 绕道策略下公交车状态变化示意 …………… 99

图 3.3 前景理论中社会不公平性的体现示意 …… 104

图 3.4 前景理论中恐惧心理的体现示意 ………… 105

图 3.5 建模思路 ………………………………… 108

图 4. 1 经典多目标进化算法框架 ······· 120

图 4. 2 求解思路 ······· 121

图 4. 3 第二代非支配排序遗传算法（NSGA - Ⅱ）与序贯决策过程融合示意 ······· 128

图 5. 1 算例中各点的坐标示意 ······· 132

图 5. 2 最优路径 ······· 135

图 5. 3 考虑乘客等待心理与行为的柔性路径公交车实时调度结果 ······· 137

图 5. 4 调度结果 ······· 139

图 5. 5 公交车运行途中的响应范围设置的灵敏度分析 ······· 140

图 5. 6 公交车出发前的响应策略的灵敏度分析 ······· 141

图 5. 7 $N = 1$ 时的调度结果 ······· 142

图 5. 8 $N = 2$ 时的调度结果 ······· 143

图 5. 9 $N = 3$ 时的调度结果 ······· 143

图 5. 10 第一阶段等待中参照点的灵敏度分析 ······· 145

图 5. 11 第二阶段等待中参照点的灵敏度分析 ······· 146

图 5. 12 乘客恐惧心理参数的灵敏度分析 ······· 147

图 5. 13 乘客第二阶段等待中社会不公平性参数的灵敏度分析 ······· 148

图 5. 14 群体等待与个人等待对恐惧心理影响的灵敏度分析 ······· 149

图 5. 15 群体等待与个人等待对第一阶段参照点影响的灵敏度分析 ······· 150

表目录

表2.1　柔性路径公交车实时调度问题属性及相应的值 ······ 71

表5.1　算例基本信息 ··· 131

表5.2　算例中等待行为及心理的参数设置 ··················· 132

表5.3　算法的参数设置 ··· 132

表5.4　传统的柔性路径公交车实时调度结果 ················ 134

表5.5　灵敏度分析的参数值 ······································ 144

第1章 绪 论

1.1 柔性路径公交实时调度研究的重要性

1.1.1 柔性路径公交系统调度问题及对策

车辆路径问题（vehicle routing problem，VRP）自从 1959 年由丹齐格（Dantzig）等❶提出以后，国内外学者做了大量的研究工作，并且取得了很多研究成果。随着社会的发展、人们需求的多样化，以及互联网技术的发展，也催生出大量新的车辆路径问题。响应需求（demand response transit，DRT)❷的公交系统的实

---

❶ DANTZIG G B, RAMSER J H. The truck dispatching problem [J]. Management Science, 1959, 6 (1): 80 - 91.

❷ PALMER K, DESSOUKY M, ABDELMAGUID T. Impacts of management practices and advanced technologies on demand responsive transit systems [J]. Transportation Research Part A: Policy and Practice, 2004, 38 (7): 495 - 509.

时调度问题作为最原始车辆路径问题的一种延伸，近20年来引起了学者们的广泛关注，其研究意义毋庸置疑。本研究中的柔性路径公交即属于响应需求的一种模式。

柔性路径公交系统是一种为低密度客流区域的乘客提供点到点服务的响应需求的公交运营工具，它区别于传统定点定线定站的固定路径公交模式。柔性路径公交在国外已经有30年左右的发展历程，早期的目的主要是用于满足弱势群体和特定使用者（如医院、学校、机场等）的出行需求。近期随着通信技术的发展，柔性路径公交可以为偏远地区乘客或者低密度客流区域乘客的出行提供便利的服务。我国的公交服务一般属于固定路线与固定班次模式，固定路线服务的特点是在客流密度较高的情况下运行良好，合理地安排运行计划能够有效地降低总的运营成本；但是，在客流密度较低的时间段内或区域内，固定路线的公交车将存在一系列问题，如公交车的空载率比较高，乘客等待时间会变长，公交运营公司的整体运营成本提高等。提供点到点服务响应需求的公交车就是在这种背景下应运而生的，这种模式采用的是按需服务，即公交车实时响应动态乘客的请求，能够减少公交的空载率，从而节省整体运行成本，通过快速响应乘客需求，提高了乘客对服务的满意度。本书将这种模式称为柔性路径公交运行模式，属于响应需求的一种应用模式。然而，无论是固定路线的公交车还是柔性路径的公交车，都属于客运系统，客运系统背景下的车辆路径优化和调度与物流配送背景下的车辆路径问题的本质区别是，前者的直接服务对象是乘客，因此，对于以人为中心的服务系统而言，由于人并不等同于机械或者物体，这就导致经典的运筹学理论不能被直接应用。❶ 如果在柔性路径公交车调度过程中忽略乘客的等待心理和行为，单纯从成本的角度去实施调度，其结果将违背服务系统"以人为本"的核心理念。由于在柔性路径公交车服务系统中最关键的要素是人及其行为，就需要充分考虑人"有限理性"的心理和行为特征，这也是本研究的立足点和出发点。

柔性路径公交车的实际应用分两类情况：一类是有时间窗的响应需求问题，调度时需要考虑乘客的时间窗范围，由于乘客上车后公交车还要去实时响应其他乘客的动态请求，乘客在车上会有一个等待的过程；另一类是没有时间窗的响应需求问题，❷ 即乘客在发出请求的同时，其等待行为已经开始，而当乘客上车后，由于车辆还会继续实时响应其他动态请求，乘客要经历又一阶段的等待，也就是说，此问题涉及乘客两个阶段的等待行为。第二类问题更符合实际应用中的情境，因此，本书的研究可以归纳为考虑乘客等待行为的、存在两阶段等待过程的柔性路径公交车实时调度问题。

现有研究从运筹学角度为解决柔性路径公交车实时调度问题

❶ 赵晓波，谢金星，张汉勤，等. 展望服务科学 [J]. 工业工程与管理，2009，14（1）：1-4.

❷ FERRUCCI F. Pro-active dynamic vehicle routing：Real-time control and request-forecasting approaches to improve customer service [M]. Springer Science & Business Media, 2013.

提供了求解思路，这类研究多数集中在运作管理领域。❶ 由于在柔性公交车服务系统中最关键的要素是人及其行为，本研究将充分考虑人的"有限理性"心理和行为特征，在此服务系统中，主要涉及乘客的等待心理和等待行为。市场营销研究领域用实证研究方法对等待进行过大量的研究，表明在服务中经历的等待会降低客户满意度，严重影响服务质量，从而影响客户的忠诚度，从长远角度来讲也将影响服务提供商的利益。❷ 本研究所针对的问题中，两阶段的等待过程会影响乘客满意度的原因是，乘客会对等待造成的延迟或者负面情绪产生感知成本，因此，在调度过程中充分考虑乘客在等待过程中的非理性心理和行为，有助于为乘客提供更满意的调度结果。

综上所述，从乘客等待行为的视角，深入研究存在两阶段等待过程的柔性路径公交车实时调度问题具有重要的现实意义和理论意义。然而，柔性路径公交车实时调度问题本身就是 NP 难问题，考虑到乘客在等待过程中产生的"有限理性"心理和行为

❶ DAVISON L, ENOCH M, RYLEY T, et al. A survey of demand responsive transport in Great Britain [J]. Transport Policy, 2014, 31: 47−54.

MAGEEAN J, NELSON J D. The evaluation of demand responsive transport services in Europe [J]. Journal of Transport Geography, 2003, 11 (4): 255−270.

❷ VAN RIEL A C R, SEMEIJN J, RIBBINK D, et al. Waiting for service at the checkout: Negative emotional responses, store image and overall satisfaction [J]. Journal of Service Management, 2012, 23 (2): 144−169.

HOUSTON M B, BETTENCOURT L A, WENGER S. The relationship between waiting in a service queue and evaluations of service quality: A field theory perspective [J]. Psychology & Marketing, 1998, 15 (8): 735−753.

DUBÉ−RIOUX L, SCHMITT B H, LECLERC F. Consumers' reactions to waiting: When delays affect the perception of servicequality [J]. ACR North American Advances, 1989 (16): 59−64.

是一个复杂的过程，两者融合后会使模型的复杂度显著增大。本研究将针对该问题的难点特征，通过引入运筹学、等待心理学、行为科学、智能算法等领域相关的理论与方法，深入研究乘客的等待心理和行为，制订提高系统柔性的调度策略，构建考虑乘客等待行为的柔性路径公交车实时调度模型，并针对模型的复杂性设计相应的元启发式求解算法对模型求解。本研究能够为体现"以人为本"的服务系统的最优控制和调度决策提供理论基础。

1.1.2 研究柔性路径公交实时调度方法的理论意义和应用价值

随着现代社会"以人为本"理念的深入，人的"有限理性"行为在传统运筹学理论中"失效"，行为运作管理已经成为学术界和企业界关注的重点和热点问题。存在两阶段等待过程的柔性路径公交车实时调度问题，作为一种传统动态车辆路径问题的衍生体，从乘客等待行为的视角对其进行深入分析，研究如何在充分融合乘客等待行为的前提下采用合适的调度策略实施具体调度方案，不仅是对该领域相关理论研究的进一步延伸，而且对响应需求的公交车运营的具体应用具有重要的实践意义。具体而言，本研究的理论意义和应用价值可概括如下。

本研究的理论意义在于：①以往的柔性路径公交车实时调度问题在优化时忽略了乘客在上车前的等待过程，而本研究中存在两阶段等待过程的柔性路径公交车实时调度问题作为响应需求研究的新变体，必然要求提出新的调度策略、调度模型以及求解算法，这些研究将丰富响应需求问题的理论框架；②从等待行为的视角开展研究，结合市场营销和行为科学领域的理论知识，并将其融合到传统运筹学中分析问题并求解问题，跟踪行为运作管理领域的研究前沿，从而扩展并丰富了行为运作管理的研究领域及相关理论。

本研究的应用价值在于：充分考虑乘客的等待行为，体现了以人为本的服务理念，调度结果能够提高乘客对服务提供商的满意度，有利于提高公交的服务水平和品质；发展响应需求的公交车运营模式，可以方便人们的出行，同时也是发展城市公交的一种创新模式；另外，从资源环境意义的角度讲，能够减少私家车数量、减少碳排放量、减少政府交通补贴，既节约了运营成本，也节省了社会资源，从而推动资源型社会和环境友好型社会的有效创建。

1.2　国内外关于等待心理行为和实时调度研究的概述

本书考虑乘客等待行为的柔性路径公交车实时调度方法的研究是在客运服务系统背景下，针对乘客的不同等待心理和等待行为进行建模，并运用相应的调度策略及元启发式算法对模型进行求解，实现以最大化乘客满意度为优化目标的实时调度。该过程主要涉及以下三个方面的研究：①乘客等待心理和行为的相关研究；②柔性路径公交车实时调度模型和策略的研究；③柔性路径公交车实时调度问题的求解算法研究。因此，本书围绕这三方面对国内外相关研究进行综述。

1.2.1 乘客等待心理和行为的研究概况

在如今高度竞争的市场环境下，服务质量和客户满意度对企业的发展起着至关重要的作用。然而，等待行为会导致客户对服务质量的感知下降，从而降低客户满意度。等待行为也会影响客户的心情，从而影响客户未来继续购买服务的意向。因此，在服务运作管理研究领域，关于"等待"的研究是学者们关注的一个很重要的问题。等待行为会严重影响客户满意度以及企业运营能力，然而，等待行为又是现代生活中不可避免的事情。调查显示，超过70%的客户正经历着由于等待行为而导致的诸如失望、沮丧等负面情绪。❶ 因此，降低等待时间对提高客户满意度有很重要的作用。❷ 另外，客户的不满意还会通过口碑效应得到扩散，长远来看将严重影响服务提供商的利益和市场的稳定性。所以，在服务运作研究领域，关于等待行为的研究是一项非常重要的科学问题，也是亟待解决的关键问题。

大部分的等待行为发生在生产制造领域和服务领域，目前关

---

❶ JONES P, DENT M. Improving service: Managing response time in hospitality operations [J]. International Journal of Operations & Production Management, 1994, 14 (5): 52 - 58.

❷ CABALLERO M J, LUMPKIN J R, BROWN D, et al. Waiting in line: A primary investigation [J]. Marketing: The next decade, 1985: 46 - 49.

GOPALAKRISHNA P, MUMMALANENI V. Influencing satisfaction for dental services [J]. Marketing Health Services, 1993, 13 (1): 16.

于等待的研究集中在生产制造领域，大部分研究是用排队论的思想分析问题和解决问题，通过建立数学模型计算排队的长度和等待时间，来设计相应的生产线和服务设备的数量。然而，通过此类数学模型得出的结果往往在实际应用中不可行，因为没有考虑系统中人的因素。计算等待时间仅仅是研究等待问题的冰山一角，有很多其他涉及等待的因素在度量客户等待的满意度中起决定性作用，如客户对等待时间的感知、等待过程中客户的心理因素、客户对等待原因知情与否、等待环境等。相关研究表明，考虑等待的心理和行为成本后，得出的结果与传统排队论得出的结果不一致。❶ 因此，本小节抛开排队论关于等待时间的纯数学模型的研究，从社会学、行为学和心理学视角分析关于等待心理和行为的研究进展。因为等待行为涉及个体本身及所处的环境，属于社会现象和心理现象的范畴，因此从心理和行为的视角研究等待问题，是对传统研究等待的方法的一种补充和延伸。深入理解并刻画等待心理和行为，能够有效降低等待对客户满意度和感知质量产生的负面影响。关于对等待心理和行为的研究，传统研究范畴的等待与心理学和社会学研究范畴的等待区别是前者为绝对等待，后者是感知等待，即二者是从传统的绝对等待的研究到感知等待研究的转变。

迈斯特尔（Maister）❷ 首次偏离传统的运作管理，从行为的

❶ CARMON Z, SHANTHIKUMAR J G, CARMON T F. A psychological perspective on service segmentation models: The significance of accounting for consumers' perceptions of waiting and service [J]. Management Science, 1995, 41 (11): 1806 –1815.

❷ MAISTER D H. The psychology of waiting lines [M]. Boston: Harvard Business School, 1984.

视角重新审视等待，提出了等待心理学。他的核心观点是，管理者不应该将目光局限在客户实际的等待时间，还应该充分考虑客户如何感知等待时间。作者提出 2 个研究等待心理的基本命题和 9 个可以通过研究进行验证的命题，为其他学者进一步研究提供了思路。基本命题一：客户满意是由对等待行为的感知与期望之间的差异引起的，这里对等待行为的感知和期望被归为心理现象；基本命题二：改善早期阶段的等待比改善后期阶段的等待更有效。另外 9 个命题分别是：①在客户等待时间内提供分散其注意力的举措，能够缩短客户的感知时间；②客户希望尽快得到服务；③焦虑心理会对等待感知产生负面作用；④不确定的等待比确定的等待的感知时间要长；⑤客户对原因不公开的等待比原因公开的等待的感知时间要长；⑥对不公平的等待的感知时间要长于对公平等待的感知时间；⑦客户对服务价值的预估越高，越愿意等待；⑧个人等待比群体等待的感知时间要长；⑨文化和阶级的差异会影响客户对等待行为的容忍程度。

学者们研究了不同服务领域的客户等待，如餐饮服务、银行服务、零售服务等，相应的研究都表明等待时间和客户满意度以及服务质量有着密切的关系。

克莱默（Clemmer）等❶通过实证研究分析了银行服务的客户排队现象，结果表明客户的等待时间与客户对服务总体满意度

---

❶ CLEMMER E C, SCHNEIDER B. Toward understanding and controlling customer dissatisfaction with waiting during peak demand times ［C］//Seventh Annual Service Marketing Conference Proceedings，1998.

存在高度相关性。卡茨（Katz）等❶综合分析了多个银行服务系统中客户的等待行为，结果表明客户满意度随着客户对感知等待时间的增加而下降；另外，提供分散注意力的举措（比如在客户排队等待处放置报刊栏）虽然能够使等待过程不那么枯燥，但基本不会对客户的感知时间和服务满意度产生影响。戴维斯（Davis）等❷研究了快餐行业客户的等待行为，结果表明客户等待时间越长，对服务的满意度越低。另外，排队等待的时间对客户满意度的影响远远大于实际服务时间对客户满意度的影响。沙巴特（Chebat）等❸的研究表明，客户对等待时间的可接受程度会影响客户的心情以及对服务质量的感知。库默（Kumar）等❹进一步分析事先对等待时间的保证与客户满意度之间的关系，结果表明如果事先对等待时间的保证能够兑现，则会提高客户满意度，反之则会降低客户满意度。杜贝（Dubé）等❺的研究结果表明，客户对等待的感知受到服务环节的影响，即在事前和事后对等待的

❶ KATZ K, LARSON B, LARSON R. Prescription for the waiting – in – line blues entertain, enlighten, and engage [J]. Oper Manag Crit Perspect Bus Manag, 2003, 2: 160.

❷ DAVIS M M, VOLLMANN T E. A framework for relating waiting time and customer satisfaction in a service operation [J]. Journal of Services Marketing, 1990.

DAVIS M M, MAGGARD M J. An analysis of customer satisfaction with waiting times in a two – stage service process [J]. Journal of operations management, 1990, 9 (3): 324 – 334.

❸ CHEBAT J, FILIATRAULT P. The impact of waiting in line on consumers [J]. International Journal of Bank Marketing, 1993.

❹ KUMAR P, KALWANI M U, DADA M. The impact of waiting time guarantees on customers' waiting experiences [J]. Marketing science, 1997, 16 (4): 295 – 314.

❺ DUBÉ L, SCHMITT B H, LECLERC F. Consumers' affective response to delays at different phases of a service delivery 1 [J]. Journal of Applied Social Psychology, 1991, 21 (10): 810 – 820.

感知产生的负面情绪远远大于事中对等待的感知产生的负面情绪，事中的等待几乎不会影响客户对整个等待过程的情绪感知程度。杨（Yang）等❶通过实证的方法研究了客户的调节定向特征对延迟的不同反应，其中将延迟类型按照事前、事中和事后分类作为调节变量。结果表明，对于促进导向的客户，事前的等待会比事中的等待产生更强烈的负面影响；而对于预防导向的客户，事中的等待会比事前的等待产生更强烈的负面影响。

关于行为模型的研究大部分聚焦于消费者行为研究方面，而忽略了决策者的行为。❷ 在实际运作中，决策者根据对消费者行为研究的结果做出相应的决策。这些模型大多是结构方程模型，只是从表面和相关性方面对问题进行分析，而没有深入对行为进行量化分析。

辛普森（Simpson）等❸在《运作管理》（*Operations Management*）著作中提出了等待的心理学模型，书中提到，除了用传统的基于概率的排队模型研究等待，尝试解释等待者的心理感知也很重要。数学模型将时间看作绝对时间，而等待心理学模型将时间看作感知时间，这是等待心理学模型的核心和立足点。影响感知时间的因素或者措施主要包括以下几个方面：①分散注意力，客户等待时被分散注意力会降低其感知时间；②恐惧心理，如客

❶ YANG W, MATTILA A S, HOU Y. The effect of regulatory focus and delay type on consumers' reactions to delay [J]. International Journal of Hospitality Management, 2013, 32: 113 – 120.

❷ GOLDFARB A, HO T H, AMALDOSS W, et al. Behavioral models of managerial decision – making [J]. Marketing Letters, 2012, 23 (2): 405 – 421.

❸ STEVENSON W J, HOJATI M, CAO J. Operations Management [M]. New York: McGraw – Hill Education, 2014.

户担心被遗忘的心理会使感知等待变长；③公平性，客户认为公平的等待比不公平的等待的感知时间要短；④分段等待，如将连续 20 分钟的等待划分成两个阶段的等待，每次等待 10 分钟，两次短时间的等待比一次长时间连续等待的感知时间要短；⑤服务价值、服务质量越高，客户越愿意等待，从而会降低对等待时间的感知。这为等待的心理学模型的进一步研究指引了方向。

目前，国内外对于等待心理和行为的研究还不成熟，下面将综述在研究等待心理和行为时主要涉及的其他领域的相关理论，及其与等待心理和行为的关联性。

1.2.1.1　同化对比理论和前景理论

迈斯特尔首次提出等待心理学时，提出两个研究等待心理的基本命题，其中一个基本命题是：客户满意度是由对等待行为的感知与对等待行为的期望之间的差异引起的，这里对等待行为的感知和对等待行为的期望被归为心理现象。也就是说，客户往往将感知到的等待与期望的等待进行比较，以此作为参照点或者评价标准，来对整个过程的服务质量做出判断。这里主要涉及两个理论，同化对比理论（assimilation-contrast theory）❶ 和前景理论

───────────

❶　ANDERSON R E. Consumer dissatisfaction: The effect of disconfirmed expectancy on perceived product performance [J]. Journal of marketing research, 1973, 10 (1): 38 –44.

HOVLAND C I, HARVEY O J, SHERIF M. Assimilation and contrast effects in reactions to communication and attitudechange [J]. The Journal of Abnormal and Social Psychology, 1957, 55 (2): 244.

（prospect theory）❶。

将同化对比理论与等待心理结合考虑，首先需要了解同化对比理论的两个核心概念：感知和期望。单纯的等待是一种被动形式的时间流逝，而伴随着交谈的等待是一种主动形式的时间流逝。因此，在这两种活动中，人对时间的感知完全不同。被动形式的等待会无形之中增加等待的感知时间，主动形式的等待会减少等待的感知时间，即高估和低估等待时间。❷ 客户满意度会随着感知时间的增加而降低，因此，客户满意度直接受到感知时间的影响。❸ 而客户在评价服务满意度时，参照标准是客户期望值。关于等待时间的参照标准有很多种，米勒（Miller）❹ 提出四个层次的期望值作为参照标准：第一层是理想值（ideal level），第二层是期望值（expected level），第三层是最小容忍值（minimum tolerable level），第四层是理所应当值（deserved level），客户根据这四层标准对服务水平做出判断。蔡特哈姆尔（Zeithaml）

❶ KAHNEMAN D, SLOVIC S P, SLOVIC P, et al. Judgment under uncertainty: Heuristics and biases [M]. Cambridge university press, 1982.

TVERSKY A, KAHNEMAN D. Advances in prospect theory: Cumulative representation of uncertainty [J]. Journal of Risk and uncertainty, 1992, 5 (4): 297 –323.

❷ HORNIK J. Subjective vs. objective time measures: A note on the perception of time in consumer behavior [J]. Journal of consumer research, 1984, 11 (1): 615 –618.

❸ CHEBAT J C, FILIATRAULT P, GELINAS – CHEBAT C, et al. Impact of waiting attribution and consumer's mood on perceived quality [J]. Journal of business Research, 1995, 34 (3): 191 –196.

❹ MILLER J A. Conceptualization and measurement of customer satisfaction and dissatisfaction [M]. Bloomington: School of Business, Indiana University, 1977.

等❶提出两个层次的期望值作为参照标准，分别是预计可以得到的以及可以容忍的水平。在等待情境下，客户的满意度可以用对等待的期望和感知之间的差异表示。根据同化对比理论，人们过去的各种经历对未来会有影响，未来对事物判断的依据就是过去的经历，称之为个人的"参考等级"，之后会根据"参考等级"对事物进行判断，因此"参考等级"是判断与评价的基础。在等待感知中，消费者在他们的等待信念上有一个可以接受的范围，如果感知到的等待在这个范围内，那么这个等待就会被同化并接受，不会产生负面情绪；相反，如果这个感知到的等待没有在预期范围内，这个等待就会被排斥，从而产生负面情绪。这意味着基于感知和期望的同化对比理论的核心思想，与等待心理的基本命题之一"客户满意度是由对等待行为的感知与对等待行为的期望之间的差异引起的"相吻合。

以卡尼曼和特沃斯基（Tversky）等为代表的学者❷认为，个体在做决策时，对决策结果好坏的判断不取决于各种方案可能出现的结果的绝对效用值，而是每个个体心中都有一个参照点，以此参照点为基准，实际结果是与参照点进行比较后的损益量，即与参照点偏离的方向与程度。他们在"前景理论"中首次提出了"参照点"的概念，根据特沃斯基等的前景理论，客户的感

❶ ZEITHAML V A，BERRY L L，PARASURAMAN A. The nature and determinants of customer expectations of service［J］. Journal of the academy of Marketing Science，1993，21（1）：1–12.

❷ KAHNEMAN D，SLOVIC S P，SLOVIC P，et al. Judgment under uncertainty：Heuristics and biases［M］. Cambridge university press，1982.

TVERSKY A，KAHNEMAN D. Advances in prospect theory：Cumulative representation ofuncertainty［J］. Journal of Risk and uncertainty，1992，5（4）：297–323.

知与参照点比较后所产生的不同结果会引起客户的不同反应，客户的满意度是通过和参照点比较而产生的。在参照点理论的基础上，用价值函数对结果进行评价，价值函数不同于绝对效用值，它是经验型的，具有三个主要特征：①大多数人在面临"获得"的时候表现出风险规避；②大多数人在面临"损失"的时候表现出风险偏好意识；③人们对"损失"比对"获得"更加敏感。所以，前景理论中的参照点理论和"得失"的不同价值函数也与等待心理的基本命题相吻合。另外，与同化对比理论相比，前景理论在参照点理论的基础上，对具体结果的价值体现也做了进一步的研究。实际上，参照点概念的提出有多个行为理论的支撑，其中前景理论是行为学与传统运作管理结合的一个重要基础理论，也是近些年来关于行为运作管理研究的一个重要的切入点。

近几年学者们研究了前景理论在运作管理方面的不同运用。丁秋雷等[1]针对物流配送干扰管理问题，结合运筹学、前景理论、模糊数学等，从客户、物流配送运营商、配送业务员三个方面度量物流配送系统的扰动，提出了基于前景理论的扰动度量方法，构建字典序的多目标干扰管理模型并采用改进的蚁群算法进行了求解。李小静等[2]从价值变化和可靠性变化两个方面研究了通勤者的路径选择行为及对待风险的态度，提出了基于累积前景

---

[1] 丁秋雷，胡祥培，姜洋. 基于前景理论的物流配送干扰管理模型研究 [J]. 管理科学学报，2014，17（11）：1—9，19.

[2] 李小静，刘林忠. 基于累积前景理论的通勤者路径选择模型 [J]. 交通运输系统工程与信息，2015，15（1）：173–178.

理论（CPT）的通勤者路径选择模型，推广了累积前景理论中两个参考点的情景，给出了通勤者参考点估计的统一方法，发现了通勤者的参考点可以根据可靠度要求动态设置。张薇等❶考虑了行程时间、费用、舒适度对乘客心理决策的影响，基于前景理论构建了出租车合乘模式决策模型，提出一种考虑乘客心理的合乘出行决策方法，通过计算机模拟发现，合乘付费比例对乘客合乘决策的影响较大，合乘比例会随付费比例的降低而增加。田丽君等❷引入累积前景理论研究了高峰期通勤行为，考虑了其乘（HOV）车道和普通（GP）车道两种车道以及两类出行方式：单独驾车出行和合乘出行，建立了可能出现的三类通勤者的出行费用函数，分别在累积前景理论与期望效用理论下比较和分析了均衡结果的差异，研究结果表明通勤者的风险偏好和参考依赖特征会影响出行方式和路径的选择。田丽君等假设了通勤者的出行方式存在三种可能：地铁出行、自驾车出行和自驾车－地铁换乘出行。其中，地铁出行时间是确定的，而自驾车和停车换乘方式的出行时间均具有一定的不确定性，在此基础上建立了基于累积前景理论和期望效用理论的出行方式选择模型。研究结果表明，在期望效用理论下，通勤者的出行方式选择不受出行场景的变化而改变，而在累积前景理论框架下，出行个体会受到参考点的影响，出行方式选择结果与期望效用理论框架下的结果存在差异。

---

❶ 张薇，何瑞春，肖强，等. 考虑乘客心理的出租车合乘决策方法研究 [J]. 交通运输系统工程与信息，2015，15（2）：17–23.

❷ 田丽君，吕成锐，黄文彬. 基于累积前景理论的合乘行为建模与研究 [J]. 系统工程理论与实践，2016，36（6）：1576–1584.

黄敏等❶针对不确定环境下考虑客户拖期心理成本的第四方物流路径优化问题，基于前景理论，建立了以客户期望时间、第三方物流（3PL）供应商运输能力和信誉为约束，以最大化运输成本总效用为目标的优化模型，并采用改进的蚁群算法进行求解。宁涛等❷针对末端物流配送过程中可能出现的配送时间窗更改、送货地址变化等动态扰动问题，建立了末端物流配送干扰管理模型，并设计了基于前景理论的价值函数曲线和扰动度量策略，在此基础上，为优化干扰管理模型和寻求用户满意度、配送成本以及配送效率等多目标优化问题的较优解，提出了一种融入量子理论的改进细菌觅食方法。黄婷婷等❸引入前景理论对有限理性条件下城市轨道交通乘客的路径选择进行了研究，通过对不同类型乘客的出行时间、换乘时间、换乘次数和列车拥挤度 4 个因素的权重分析，建立了乘客广义出行费用模型，并基于前景理论建立了以出行费用为参考点的路径选择模型，发现该模型对乘客出行路径的分析具有更高的可靠性。马书红等❹联立出行方式与出发时段构建了双因素出行方案，并建立了基于巢式 Logit（NL）——累计前景理论的出行方式选择预测优化模型。通过累计前景理论将 NL 模型所获方案客观效用及选择概率主观化，构建了累计权

❶　黄敏，任亮，毛俊，等. 考虑客户拖期心理成本的 4PL 路径问题的模型与算法［J］. 系统管理学报，2017，26（1）：94 – 100.

❷　宁涛，王旭坪，胡祥培. 前景理论下的末端物流干扰管理方法研究［J］. 系统工程理论与实践，2019，39（3）：673 – 681.

❸　黄婷婷，朱海燕，杨聚芬. 基于前景理论的轨道交通乘客路径选择模型［J］. 都市快轨交通，2019，32（2）：59 – 63.

❹　马书红，周烨超，张艳. 基于 NL – 累计前景理论的出行方式选择预测模型研究［J］. 交通运输系统工程与信息，2019，19（4）：135 – 142.

重函数、价值函数并以前景值的形式描述了出行方式对出行者的实际感知价值，最后通过调查数据验证发现了与仅基于 NL 模型进行的方式预测相比，所建模型中的各出行方式预测命中率更为均衡。

1.2.1.2　归因理论

　　海德归因理论由海德（Heider）在他的著作《人际关系心理学》中从通俗心理学的角度提出，该理论主要解决的是日常生活中人们如何找出事件的原因。海德认为，人有两种强烈的动机：一是形成对周围环境一贯性理解的需要；二是控制环境的需要。为了满足这两种需要，普通人必须要对他人的行为进行归因，并且经过归因来预测他人的行为，唯有如此才有可能满足"理解环境和控制环境"的需要。因此，普通人和心理学家一样，都试图解释行为并且从中发现因果关系，只是普通人的归因并没有什么科学方法，他们更多地依靠理解和内省。普通人的这种归因活动被海德称为朴素心理学，与之相应，海德也被称为朴素的心理学家。海德认为事件的原因无外乎有两种：一是内因，比如情绪、态度、人格、能力等；二是外因，比如外界压力、天气、情境等。一般人在解释别人的行为时，倾向于性格归因；在解释自己的行为时，倾向于情景归因。海德还指出，在归因的时候，人们经常使用两个原则：一是共变原则，它是指某个特定的原因在许多不同的情境下和某个特定结果相联系，该原因不存在时，该结果也不出现，我们就可以把该结果归于该原因，这就是共变原则。比如一个人总是在考试前闹别扭、抱怨世界，其他时候却很愉快，我们就可以把闹别扭和考试连在一起，把别扭归于考试而非人格。二是排除原则，是指如果内外因某一方面的原因足以解释事件，我们就可以排除另一方面的归因。

对应推论理论由琼斯（Janes）和戴维斯在1965年提出。此理论主张，当人们进行个人归因时，就要从行为及其结果推导出行为的意图和动机。一个人所拥有的信息越多，他对该行为所作出的推论的对应性就越高。一个行为越是异乎寻常，则观察者对其原因推论的对应性就越大。归因者做原因归结时基于以下三个假设：①归因者假设行为发出者预先知道此行为的结果。②行为发出者有能力做出此类包含意向的行动。例如：A在晚宴上穿了一件定制款的礼服，B由于经济窘迫衣着一般，出于对A的嫉妒，她说："您今天可是万众瞩目呀！"对A做出了讽刺。C在归因时假设B有能力做出讽刺、嘲讽这样的动作。③动作发出者想要的就是这种结果。再如上面的例子中，当B说完话之后，A脸上有些挂不住，甚至生气。这个结果就是B想看到的。影响对应推论的因素主要有三个：①非共同性结果，指所选行动方案有不同于其他行动方案的特点。例如，一个人站起来，走去关上窗户，穿上毛衣，此时我们可以推断他感到冷了。单是关上窗户的行动也可能表示阻挡窗外噪声，而穿上毛衣这个非共同性结果就可以使人推断这个行动是由于冷。②社会期望。一个人表现出符合社会期望的行动时，我们很难推断他的真实态度。如一个参加晚会的人在离开时对主人说晚会很棒，这是符合社会期望的说法，从这个行动很难推断其真实态度。但是当一个人行为不符合社会期望或不为社会所公认时，该行为很可能与其真实态度相对应。如上述参加晚会的人在离开时对主人说晚会很糟糕，这是不符合社会期望的行为，它很可能反映出行动者的真实态度。③选择自由，如果我们知道某人从事某行动是自由选择的而不是受到某种因素的强迫，我们便倾向于认为这个行为与某人的态度是对应的。如果不是自由选择的，则难以作出对应推论。与此同时，归因者的个人参与度也会影响到归因的结果。

三度归因理论由凯利（Kelley）提出，又被称为多线索分析理论，或称共变归因理论，是凯利在吸收了海德的共变原则的基础上提出的。他认为，人们多是在不确定条件下进行归因的。人们从多种事件中积累信息，并且利用"共变原则"来解决不确定性的问题。凯利认为，人们在试图解释某人的行为时，可能用到三种形式的归因：归因于行为者，归因于客观刺激物（行为者对之做出反应的事件或他人），归因于行为者所处情境或关系。

归因理论是说明和分析人们活动因果关系的理论，人们用它来解释、控制和预测相关的环境，以及随这种环境而出现的行为，因而也称"认知理论"，即通过改变人们的自我感觉、自我认识来改变和调整人的行为的理论。每个事件的背后都有其发生的原因，当等待发生时，客户自然而然也会猜测造成等待的各种原因。如果造成等待的原因是一些无法控制的外因，客户会接受现实，不会产生过多的负面情绪。归因理论认为有三个主要因素是影响人们判断的关键：责任方、稳定性和可控性。当等待发生时，责任方是指谁应该承担责任、受到责备；稳定性是指造成等待的原因的性质，包括暂时性、突发性、永久性、持续性等；可控性是指造成等待的原因能否得到有效的控制。❶ 奈伊（Nie）等❷认为归因理论还有一个重要因素也会影响人们的判断，即造成等待的原因的合理性，客户更容易接受一个合理的原因。客户如果没有被告知原因，就会形成自己的一个推断。如在一项飞机延误的等待过程中，77% 的客户靠自己推断的延误原因是错误的，因此，官方给出一个合理的解释能够纠正客户的这种推断，从而降低客户的不满意度。❸

1.2.1.3 文化差异

对等待时间的客观度量相对容易，然而在现实中真正起作用的是对等待时间的感知。感知时间受到文化因素的影响，如价值观、信仰、习俗、制度等社会文化因素都会影响人们对时间的感知。莱维纳（Levine）❹ 对比美国人和巴西人的文化价值观发现，美国人认为从来不迟到的人比经常迟到的人的成功率要高；而巴西人认为总是迟到的人最有可能成为未来的成功人士。这种不同结论就是由于文化差异导致的。格雷厄姆（Graham）❺ 从文化的角度归纳出人们对感知时间的三种度量模型：第一种是线性模

❶ WEINER B. An attributional theory of achievement motivation and emotion [J]. Psychological review, 1985, 92 (4)：548.

❷ NIE W. Waiting：integrating social and psychological perspectives in operations management [J]. Omega, 2000, 28 (6)：611 – 629.

❸ TAYLOR S. Waiting for service：The relationship between delays and evaluations of service [J]. Journal of marketing, 1994, 58 (2)：56 – 69.

❹ LEVINE R V. The pace of life across cultures [J]. The social psychology of time：New perspectives, 1988, 39：92.

❺ GRAHAM R J. The role of perception of time in consumer research [J]. Journal of consumer research, 1981, 7 (4)：335 – 342.

型，主要针对欧美社会的人，欧美社会文化熏陶下的人认为时间是线性的，时间可以分为过去、现在和将来；第二种是循环模型，主要针对西班牙人，受西班牙文化影响的人会认为时间是循环往复的，时间不分过去、现在和将来，时间是以一定的模式循环交替出现的；第三种是工序化模型，主要适用于美国本土人群，他们将时间与工序紧密相联，只关注某一个工序范围内的时间变化。

1.2.1.4 社会不公平性

排队等待可以被视为一个社会系统，排队中的个体有各自的角色、责任和准则，社会系统就会涉及社会公平性。❶ 等待中的社会不公平性是指违反"先到先服务"的原则。即使一个"插队者"仅仅对整个排队系统造成 1 分钟的影响，也会引起其他等待者的不满和负面情绪，因为他们认为自身应有的公平性和公正性受到侵犯。❷ 在等待过程中遇到"插队者"，插队者后面的客户比前面的客户感受到更强烈的社会不公平性。调查表明，反对者中 73.3% 来自插队者后面的客户，26.2% 来自插队者前面的客户。❸ 本研究中，公交车由于响应动态乘客的请求，会对车下的乘客和车上的乘客都造成一定程度的干扰，即车上和车下的乘客

❶ SCHMITT B H, DUBE L, LECLERC F. Intrusions into waiting lines: does the queue constitute a social system? [J]. Journal of Personality and Social Psychology, 1992, 63 (5): 806.

❷ KUMAR P, KALWANI M U, DADA M. The impact of waiting time guarantees on customers' waiting experiences [J]. Marketing science, 1997, 16 (4): 295 – 314.

❸ MILGRAM S, LIBERTY H J, TOLEDO R, et al. Response to intrusion into waiting lines [J]. Journal of Personality and Social Psychology, 1986, 51 (4): 683.

都有可能产生社会不公平性情绪，这就是社会不公平性在乘客等待中的具体体现。

1.2.1.5 压力管理

长时间的等待会对客户的身心都造成压力。奥苏纳（Osuna）❶建立的数学模型表明，随着等待时间的增加，压力强度会增加，等待造成的精神损失是等待时间的增函数。因此，从压力管理的视角分析等待时间，对管理者有重要的启示。管理者可以适当采用减压措施帮助客户降低由等待引起的压力，从而减轻客户的不满意度。

客户在面对等待的不确定性时会产生很强的压力感。有时客户不确定服务提供者是否意识到他们的存在，即是否意识到他们的等待行为，这种情况下会产生焦虑和压力。因此，管理者应该运用各种降低压力的机制来减小和尽力消除客户的压力感，比如告知客户等待的具体时间能够降低等待不确定性；减少事前的等待比减少事后的等待更重要；客户的等待行为得到响应或者反馈也能够减少客户由于等待造成的压力感。

以上关于对等待行为和心理的研究进展，以及其他相关研究领域涉及的行为和心理的相关研究为本研究提供了很好的理论基础，主要体现在两方面：①关于等待心理学的基本命题为进一步，研究等待行为指明了方向，其他服务系统中关于等待的研究也为客运服务系统中乘客等待行为的研究做了良好铺垫。本研究

---

❶ OSUNA E E. The psychological cost of waiting [J]. Journal of Mathematical Psychology, 1985, 29 (1): 82 – 105.

关于等待行为研究的焦点是如何更好地抓住影响感知时间的因素，更真实准确地量化感知时间以及掌握感知时间与服务满意度之间的关系；②社会学、行为学和心理学领域与研究等待行为的相关理论为进一步深化研究等待行为提供了理论基础。掌握了影响乘客感知时间的因素之后，如何采取相应措施有效降低乘客的感知时间，从而提高在等待行为存在的前提下客户对服务的满意度，是本研究在现有理论基础之上需要进一步解决的问题。

1.2.2　柔性路径公交车实时调度模型和策略研究的概况

1.2.2.1　柔性路径车辆问题定义及应用现状分析

柔性路径车辆问题是指柔性的、整合的、以乘客为中心的、适应性的交通选择模式，其服务介于私家车和传统的固定路线的公交系统之间。[2]柔性路径公交是一种为低密度客流区域的乘客提供点到点服务的响应需求的公交运营模式，区别于传统定点定线定站的固定路径公交模式。由于逐渐增加的交通拥堵造成成本上升，部分公共交通的低乘率现象严重，尤其是为了满足低密度客流区域的乘客出行方便，柔性路径公交系统作为一种特殊模式的公交服务系统应运而生。实施柔性的公交服务系统可以带来以下优势：①提高部分公交的乘载率；②服务于特定的区域或者特定的时间段；③吸引更多的乘客，从而降低私家车的出行数量，实现市民的低碳出行。

柔性路径车辆问题属于响应需求的公共交通的范畴，是智能交通公交系统的子系统，它是随着全球定位系统（GPS）、地理信息系统（GIS）、互联网技术（IT）等的发展而形成的一种顺应社会需求的新的交通运营系统。在这方面的具体应用，国外实施较早，在欧洲和北美已有将近 40 年的历史，并且近 10 年在欧洲、北美及澳大利亚得到了广泛的应用。朔费尔（Schofer）等❶指出这种新的公共交通形式主要适用于两种情况，其一是需求量小且需求分布比较广的区域，无法支持传统的固定路线公交服务的正常运行，即客流密度比较小；其二是为特殊人群提供的专门服务，比如身体残疾人士、老年人等特殊人群。因此，柔性路径车辆运行模式更多的是作为常规公交服务系统的补充，为特定区域或特定需求的人提供更具针对性的、专门的服务。

欧洲已经运行了多个类似的示范工程，比较有影响的是芬兰、比利时、英国、爱尔兰、意大利和瑞典六个国家参与的欧盟智能交通系统（ITS）第四框架中的重点项目"先进的公共交通运营系统"（system for advanced management of public transport operations，SAMPO）。此项目的实施促进了"门到门"公共交通在欧洲各国的发展。❷ SAMPO 的目标是根据不同乘客（如一般公众、老人、残疾人和其他特殊群体）的需要提供更高水平的公共交通服务，同时降低公共交通的运营成本。另外，瑞士在 1997 年 5 月引进了两套响应需求的服务系统，德国也有一些响应需求

❶ SCHOFER J L. Resource requirements for demand-responsive transportation services [M]. Transportation Research Board，2003.

❷ 杨冰. 响应需求运输与优化奥运交通管理 [J]. 科技导报，2002（8）：31 – 33.

的服务在实施和计划阶段。波兰于 2007 年运行了第一套比较完善的响应需求的公共交通系统（系统名为 Tele Bus）。

美国响应需求的公共交通系统主要分为两大类，一类是配合美国残障人士法案的辅助交通，另一类是其他响应需求的公共交通系统。美国的 ADA 公交服务是响应需求公交系统的一类，是基于《美国残疾人法案》（Americans with Disabilities Act）的规定，专门为无法使用常规公交出行的残疾人提供服务的公交子系统。❶ 美国的辅助公共交通（Paratransit）即为在一些城市为特殊人群、郊区居民服务的非定线、柔性公共运输系统。另外，电话预约公共交通（Dial－a－ride Transit）也是一类没有固定的运行线路，并根据出行请求而在特定地点停站上下客的公交模式。

加拿大已经投入使用响应需求的公共交通系统包括 Dial－a－ride Transit 和 Winnipeg Transit 等，在客流稀少的地区代替固定路线的公交服务，为居民提供门到门的服务。澳大利亚由于地广人稀，响应需求的公共交通系统很早就得到应用，目前使用的系统主要包括 SmartLink，PocketRide，Kan－Go 和 Flexible Transport System。

响应需求的公共交通系统在国外已经有 50 多年的历史，并且以各种各样的形式存在和运行，本书从最传统的响应需求的公交系统到最灵活的出租车服务，逐一分析目前国外存在的响应需求的公交系统。

辅助公共交通（Paratransit）和预约公共交通系统（Dial－

---

❶ 沈昱，关函非. 响应需求公交系统分析与实施要点研究 [J]. 交通与运输（学术版），2010（2）：75－78.

a – ride Transit System）是最初的响应需求的运作形式，专门为老年人和残疾人提供服务。需要服务的乘客必须提前通过电话或者其他形式进行预约，调度中心将根据当时的需求情况事先生成最优的接送路径。国外代表性的研究学者包括科迪恩（Cordeau）和拉波特（Laporte）❶、帕克特（Paquette）等❷、汪（Wong）和贝尔（Bell）❸。

穿梭巴士服务❹（Shuttle Bus Services）也是公共交通服务的一种形式，定点穿梭往来于两处或者多个地方，如机场、酒店、展览馆、旅游景点的巴士及大学校园穿梭巴士等。国外的穿梭巴士服务系统一般都是响应需求的系统，需要乘客事先预订，调度中心根据当时的需求情况决定调用几辆巴士进行服务并且生成最优的服务路径；而国内类似的服务基本采用固定路线的方式，比如机场巴士有几条固定的路线，而且乘客的目的地不一定在机场巴士的固定路线内，乘客需要选择最接近目的地的一条乘车路线。有代表性的研究学者包括杰比（Jerby）和赛德（Ceder）❺。

❶ CORDEAU J F, LAPORTE G. The dial – a – ride problem：Models and algorithms [J]. Annals of operations research, 2007, 153 (1)：29 – 46.

❷ PAQUETTE J, CORDEAU J F, LAPORTE G. Quality of service in dial – a – ride operations [J]. Computers & Industrial Engineering, 2009, 56 (4)：1721 – 1734.

❸ WONG K 1, BELL M G H. Solution of the Dial – a – Ride Problem with multi – dimensional capacity constraints [J]. International Transactions in Operational Research, 2006, 13 (3)：195 – 208.

❹ 穿梭巴士 [EB/OL]. (2014 – 06 – 16) [2022 – 11 – 10]. http：//zh. wikipedia. org/wiki/% E7% A9% BF% E6% A2% AD% E5% B7% B4% E5% A3% AB.

❺ JERBY S, CEDER A. Optimal routing design for shuttle bus service [J]. Transportation Research Record, 2006, 1971 (1)：14 – 22.

合乘出租车服务[1]（Shared Taxis）是介于传统的出租车和巴士之间的一种公共交通服务模式。合乘出租车一般比巴士小，通常在一条固定的或者半固定的路线上进行服务，没有时刻表的安排，车辆满载后即开始服务。合乘出租车服务由于收费问题在国内尚未形成统一的运行模式，但在一些发达国家，合乘出租车服务随处可见，作为一种特殊的公共交通系统，应用已经很成熟。

　　出租车服务（Taxi Cab Service）是一种最灵活的公共交通服务模式，没有固定的站点和路线，也没有时刻表，司机完全随机地接送可以出现于任何站点的乘客。根据出行需求的时空分布特征灵活地制定相应的公交服务的路线和时刻表是响应需求公交系统的主要特点。[2] 杨冰等[3]通过分析发展门到门公共交通现状，根据服务自由度归纳了 5 种响应需求的公共交通运营模式，从最接近传统的公共交通、预定站点的线路服务到最复杂的、接近出租车的服务模式。五种模式如图 1.1 所示。

　　其中模型一中所有的站点都为固定站点，巴士运行必须遍历所有站点；模式二中巴士的运行以固定站点形成的路径为轴，在一定范围内可以服务动态乘客；模式三中所有的站点都为预约站

　　[1] 合乘计程车［EB/OL］.（2014 – 05 – 28）［2022 – 11 – 10］. Http：//Zh. Wikipedia. Org/Wiki/%E5%90%88%E4%B9%98%E8%a8%88%E7%a8%8B%E8%Bb%8a.

　　[2] PALMER K, DESSOUKY M, ABDELMAGUID T. Impacts of management practices and advanced technologies on demand responsive transit systems［J］. Transportation Research Part A：Policy and Practice, 2004, 38（7）：495 – 509.

　　[3] 杨冰，宋俊. 论发展门到门公共交通［J］. 公路交通科技，2002（4）：101 – 104.

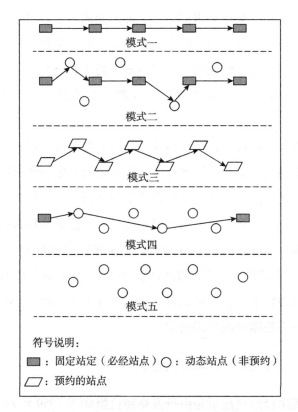

图 1.1 五种响应需求的公共交通模式

点，巴士根据每次预约情况生成服务路径；模式四表示只有起点和终点为固定站点，其他站点都是动态的；模式五表示所有的站点都是动态站点，没有任何固定站点，即传统的出租车服务的模式。

中国目前尚无投入使用的、真正意义上的、面向公众的响应需求的公共交通系统。中国的类似响应需求的公共交通系统大都以公交车的形式运营，但公交车仍然是固定路线的公共交通，只是真正意义上的响应需求的公共交通系统的雏形。目前存在的单位通勤公交车、各大超市的公交车服务、私立学校提供的学生公交车接送服务等系统说明了居民对响应需求的公共交通系统的需求，同时也表明中国具有发展响应需求的公共交通系统的良好基础。

传统公交系统的站点、线路以及时间都是固定的，乘客在步行到公交站点和等待车辆到达时，都需要有一定的步行距离和等待时间。近年来，公共交通出行者逐渐向舒适度和服务水平更高的个性化服务转移。传统的公交系统通常无法满足这种需要，因此，许多公交相关部门正面临客流量逐年降低的问题。Uber，Lyft 和 DiDi 等网约车公司的出现，使传统交通服务向按需出行和拼车服务转变，它们可以提供各种基于移动 APP 的乘车选择，其中之一即是需求响应式公交。

1.2.2.2　柔性路径车辆调度模型

车辆路径问题最早是由丹齐格和拉姆泽于 1959 年首次提出，它是指一定数量的客户，各自有不同数量的货物需求，配送中心向客户提供货物，由一个车队负责分送货物，组织适当的行车路线，目标是使客户的需求得到满足，并能在一定的约束下，达到诸如路程最短、成本最小、耗费时间最少等目的。在基本车辆路线问题的基础上，车辆路线问题在学术研究和实际应用上产生了许多不同的延伸和变化类型，包括时窗限制车辆路线问题（vehicle routing problems with time windows，VRPTW）、多车种车辆路线问题（fleet size and mix vehicle routing problems，FSVRP）、车辆多次使用的车辆路线问题（vehicle routing problems with multiple use of vehicle，VRPM）、考虑收集的车辆路线问题（vehicle routing problems with backhauls，VRPB）、随机需求车辆路线问题（vehicle routing problem with stochastic demand，VRPSD）等。

在车辆路径问题中，最常见的约束条件如下。

（1）容量约束：任意车辆路径的总重量不能超过该车辆的能力负荷，引出带容量约束的车辆路径问题（capacitated vehicle routing problem，CVRP）。

（2）优先约束：引出优先约束车辆路径问题（vehicle routing problem with precedence constraints，VRPPC）。

（3）车型约束：引出多车型车辆路径问题（mixed/heterogeneous fleet vehicle routing problem，MFVRP/HFVRP）。

（4）时间窗约束：包括硬时间窗（hard time window）和软时间窗（soft time window）约束。引出带时间窗（包括硬时间窗和软时间窗）的车辆路径问题（vehicle routing problem with time windows，VRPTW）。

（5）相容性约束：引出相容性约束车辆路径问题（vehicle routing problem with compatibility constraints，VRPCC）。

（6）随机需求：引出随机需求车辆路径问题（vehicle routing problem with stochastic demand，VRPSD）。

（7）开路：引出开路车辆路径问题（open vehicle routing，Problem）。

（8）多运输中心：引出多运输中心的车辆路径问题（multi-depot vehicle routing problem）。

（9）回程运输：引出带回程运输的车辆路径问题（vehicle routing problem with backhauls）。

（10）最后时间期限：引出带最后时间期限的车辆路径问题（vehicle routing problem with time deadlines）。

（11）车速随时间变化：引出车速随时间变化的车辆路径问题（time - dependent vehicle routing problem）。

有时间窗车辆路径问题是在车辆路径问题上加上了客户被访问的时间窗约束。在该问题中，除了行驶成本之外，成本函数还要包括由于某个客户早到而引起的等待时间和客户需要的服务时间。车辆除了要满足车辆路径问题的限制之外，还必须要满足需求点的时间窗限制，而需求点的时间窗限制可以分为两种：一种是硬时间窗，硬时间窗要求车辆必须要在时间窗内到达，早到必须等待，而迟到则拒收；另一种是软时间窗，不一定要在时间窗内到达，但是在时间窗之外到达必须要受到处罚，以处罚替代等待与拒收是软时间窗与硬时间窗最大的不同。

带容量约束的车辆路径问题指：设某中心车场有 k 辆车，每辆配送车的最大载重量为 Q，需要对 n 个客户（节点）进行运输配送，每辆车从中心车场出发给若干个客户送货，最终回到中心车场，客户点 i 的货物需求量是 q_i（$i = 1, 2, \cdots, n$），且 $q_i < Q$。记配送中心编号为 0，各客户编号为 i（$i = 1, 2, \cdots, n$），c_{ij} 表示客户 i 到客户 j 的距离。求满足车辆数最小，车辆行驶总路程最短的运送方案。定义变量如下：

$$x_{ijk} = \begin{cases} 1, & \text{车辆 } k \text{ 由 } i \text{ 到 } j \\ 0, & \text{否则} \end{cases} \qquad y_{ki} = \begin{cases} 1, & \text{车辆 } k \text{ 访问 } i \\ 0, & \text{否则} \end{cases}$$

建立此问题的数学模型：$\min z = \sum\limits_i \sum\limits_j \sum\limits_k c_{ij} x_{ijk}$

约束条件：$\sum\limits_k y_{ki} = 1 (i = 0,1,\cdots,n)$

$$\sum_i x_{ijk} = y_{kj}(j = 0,1,\cdots,n;k = 1,2,\cdots,m)$$

$$\sum_i x_{jik} = y_{kj}(j = 0,1,\cdots,n;k = 1,2,\cdots,m)$$

$$\sum_i q_i y_{ki} \leqslant Q(k = 1,2,\cdots,m)$$

一般而言，车辆路线问题大致可以分为三种类型：相异的单一起点和单一终点、相同的单一起点和终点与多个起点和终点。车辆路径问题的特性比较复杂，总的来说包含四个方面的属性。①地址特性包括：车场数目、需求类型、作业要求。②车辆特性包括：车辆数量、载重量约束、可运载品种约束、运行路线约束、工作时间约束。③问题的其他特性。④目标函数可能是极小化总成本，或者极小化最大作业成本，或者最大化准时作业。

柔性路径车辆调度问题是在原始车辆路径问题上发展起来的，但是随着对车辆路径问题研究的进一步深入，其数学模型也针对不同类型的问题呈现出不同的模型形式，但是基本模型都是存在一个或者多个优化目标函数，受多个条件的约束，如载重量约束、道路约束、时间窗约束、基本任务约束等。柔性路径车辆调度问题属于集送一体化车辆路径问题（General Pickup and Delivery Problem，GPDP）的一类变种，式（1.1）● 给出其基本数学模型，其中，目标函数可以有很多种形式，如表示行驶时间、

● SAVELSBERGH M W P, SOL M. The general pickup and delivery problem ［J］. Transportation science, 1995, 29（1）：17-29.

行驶距离、客户不满意度等；约束条件主要包括基本任务和道路约束、时间约束及车辆容量约束。

目标函数：$\min z = f(x)$ s. t.

基本任务和道路约束：
$$\begin{cases} \forall i \in R: \sum_{k \in K} z_{ik} = 1 \\[2mm] \forall i \in R, l \in \{R_i^+ \cup R_i^-\}, k \in K: \\[2mm] \sum_{j \in V} x_{ljk} = \sum_{j \in V} x_{jlk} = z_{ik} \\[2mm] \forall k \in K: \sum_{j \in \{L \cup \{k^-\}\}} x_{k^+jk} = 1 \\[2mm] \forall k \in K: \sum_{i \in \{L \cup \{k^+\}\}} x_{ik^-k} = 1 \end{cases} \quad (1.1)$$

时间约束：
$$\begin{cases} \forall k \in K: D_{k^+} = 0 \\[2mm] \forall i \in R, p \in R_i^+, q \in R_i^-: D_p \leqslant D_q \\[2mm] \forall i, j \in V, k \in K: x_{ijk} = 1 \Rightarrow D_i + t_{ij} \leqslant D_j \end{cases}$$

车辆容量约束：
$$\begin{cases} \forall k \in K: y_{k^+} = 0 \\[2mm] \forall i \in R, l \in \{R_i^+ \cup R_i^-\}: y_l \leqslant \sum_{k \in K} Q_k \cdot z_{ik} \\[2mm] \forall i, j \in V, k \in K: x_{ijk} = 1 \Rightarrow y_j = y_i + q_i \end{cases}$$

用数学模型来表示柔性路径车辆调度问题，主要有以下三个特点❶：①容量大；②灵活性高；③通用性强。近年来，随着人们出行要求的提高，传统的集送一体化问题已经无法满足要求，使得传统集送一体化问题不断得到扩展延伸，产生了多种类型集

---

❶ 孙丽君. 物流配送干扰管理问题的知识表示与建模方法 ［D］. 大连：大连理工大学，2011.

送一体化，都归为集送一体化的子问题。集送一体化子问题的分类可以从两方面归纳，一方面是对各类约束条件的延伸，另一方面是对优化目标的扩展。

从约束条件延伸的角度分析，具有代表性的且在该研究领域备受关注的有以下几类问题。

（1）对时间窗约束的问题：

• 有时间窗车辆路径问题（VRP with time window，VRPTW）；

• 有软时间窗车辆路径问题（VRP with soft time window，VRPSTW）；

• 多时间窗车辆路径问题（VRP with multiple time windows，VRPMTW）；

• 有截止时间车辆路径问题（VRP with time deadlines，VRPTD）。

（2）其他问题：

• 回程时集货车辆路径问题（VRP with Backhauls，VRPB）；

• 集货送货一体化车辆路径问题（VRP with simultaneous pickup and delivery，VRPSP）；

• 多供货点车辆路径问题（multiple depot VRP，MDVRP）；

• 开放式车辆路径问题（open VRP，OVRP）；

• 时变车辆路径问题（time-dependent VRP，TDVRP）；

• 容量约束车辆路径问题（capacitated VRP，CVRP）；

• 周期规划车辆路径问题（periodic VRP，PVRP）；

• 分批交货车辆路径问题（split Delivery VRP，SDVRP）；

• 随机车辆路径问题（stochastic VRP，SVRP）。

按照优化目标的不同，目前的研究可以归为以下几类：

- 最小数与行驶相关的参数，如行驶成本，行驶距离或者行驶时间；
- 最小化车辆数；
- 最小化完成时间；
- 最小化所有车辆行驶路径的时间总和；
- 最小化延误造成的等待成本；
- 最小化未服务的客户数；
- 最小化客户不满意度；
- 最小化响应需求的时间。

上述这八类优化目标可以分为两大类，第一类（前 5 项）是从运营成本的视角进行优化；第二类（后 3 项）是从服务质量的视角进行优化。关于服务质量的研究成果大部分集中在市场营销、客户管理等领域，近几年，关于柔性路径公交服务领域的服务质量研究也引起学者们的关注，帕克特（Paquette）等❶对响应需求的柔性路径问题（dia－a－ride problem，DARP）运作的服务质量研究进行了综述，首先通过分析目前服务业领域关于服务质量的研究成果，包括服务质量的定义、模型、度量工具和方法等，提出了响应需求的柔性路径问题运作领域中关于服务质量的相关定义、度量的属性和维度，在此基础上探讨了影响服务质量的其他相关因素，为进一步从服务质量的视角深入研究响应需求的柔性路径问题提供了指导作用。

---

❶ PAQUETTE J, CORDEAU J F, LAPORTE G. Quality of service in dial－a－ride operations [J]. Computers & Industrial Engineering, 2009, 56 (4)：1721－1734.

　　集送一体化问题的研究对象可以是物，也可以是人，或者是对人和物同时考虑；而响应需求的柔性路径问题是专门研究接送乘客的一类子问题，即服务对象是乘客。根据具体问题的不同，响应需求的柔性路径问题又分为三类子问题❶：①多对一模式（many－to－one，MTO），在这类问题中，所有乘客的起点不同，但是终点都相同，只有一个；②多对少模式（many－to－few，MTF），这类问题中的乘客终点虽然不止一个，但是和数量庞大的乘客起点相比，乘客终点相对较少；③多对多模式（many－to－many，MTM），这类问题类似出租车服务系统，每个乘客的起点和终点都不一样。

　　上述提到的关于对约束条件和优化目标的扩展研究同样适用于响应需求的柔性路径问题。本书研究的是客运服务系统中公交车的调度，而国内对车辆路径问题的研究大部分集中在物流配送领域，因此，对优化目标考虑服务满意度的研究成果比较少。

1.2.2.3　柔性路径车辆调度策略

　　调度策略是为了在车辆运行的过程中提高其灵活性，这里称之为柔性。在处理动态请求问题时，从处理动态请求的时间点分析，现有研究中存在两种应对动态需求的方式：反应式调度（Reactive）和预案式调度（Pro－active）。反应式调度策略，顾名思义，可以理解为在新请求出现之前，暂不考虑调度策略，当

---

　　❶　LARSEN A, MADSEN O, SOLOMON M. Partially dynamic vehicle routing—models and algorithms [J]. Journal of the operational research society, 2002, 53（6）：637 –646.

动态请求出现时进行实时响应的一种调度策略，代表性的成果见
参考文献［64］［65］。反应式调度策略的研究大多数集中在对
算法的研究上，即如何设计高效算法应对随时出现的动态请求。
这些算法要解决的问题是当动态请求出现时，如何将其插入到现
有的车辆运行路径中，属于一种被动的反应式调度策略。预案式
调度策略是为了提高车辆运行系统的柔性，现有的研究中提出多
种预案式的调度策略，主要有等待策略、重新定位策略、新请求
分配策略。等待策略是指在静态路径车辆问题中，车辆服务完当
前客户点后会直接驶向下一个服务的站点，如果在有时间窗限制
的情况下，车辆到达下一个站点的时间早于其时间窗的开放时
间，则车辆在该站点等待到其时间窗开放。而在有时间窗的动态
车辆路径问题中，车辆在当前服务完的站点处等待的优势是，在
距离下一个站点的时间窗开放时间存在松弛时间时，有可能服务
当前邻域内出现的动态请求点，从而提高系统柔性，实时响应动
态请求。这种等待策略优势的体现需要满足三个条件：①不允许
车辆在驶向下一个站点的过程中改变行驶方向的情况；②新请求
即将出现的概率比较大；③新请求出现的位置距离车辆位置比较
近。重新定位策略是指当车辆完成当前任务，处于闲置状态时，
将车辆重新定位到新请求最有可能出现的点，以便当新请求点出
现时，能够实时地服务新请求。重新定位策略更适用于对响应时
间或者对服务质量要求比较高的乘客，如救护车的重新定位。❶
等待策略和重新定位策略的适用条件是车辆处于闲置状态，而新

---

　　❶　王艳婷，何正文，刘人境. 突发事件应急救援前摄性调度与反应式调度的集
成优化［J］. 系统工程理论与实践，2015，35（4）.

请求分配策略的适用条件是当车辆处于非闲置状态。决策者对未来长时间段的决策结果会随着新请求的出现而不断更新，因此在不考虑随机信息的前提下，请求分配策略提高系统柔性是通过将调度过程细分成短时段的决策过程来实现的。如果随机信息可用，那么请求的分配和服务顺序可以根据车辆的预期位置和未来动态请求的预测情况进行优化，从而提高系统运行的柔性。

在处理动态请求问题时，从具有动态请求分布特征的信息是否可以利用的角度分析，现有研究中存在两种应对动态请求的方式，其目的都是为了提高调度的柔性，一种是动态请求的信息不可用，另一种是动态请求分布特征可用。

动态请求分布信息不可用时采用的策略称之为确定性策略。基尔比（Kilby）等❶考虑有动态请求出现的动态车辆路径问题，在求解时运用了一个特定的等待策略，即当车辆未被分配新的请求时，停在最后一个客户处等待新请求的出现，优化目标是最小化总的行驶距离。作者指出，在动态的集送货一体的问题中，送货导致的成本大于集货引起的成本，而且动态程度越大，两者之间的差值越大。因为集货时可以调度有装载能力的任何车辆，而送货时只能调度装有特定货物的车辆。另外，作者分析不同决策时间段对结果的影响，发现较长的决策时间段对结果有负面影响，因此作者也提出进一步需考虑如何充分利用过去的请求信息

---

❶ KILBY P, PROSSER P, SHAW P. Dynamic VRPs: A study of scenarios [J]. University of Strathclyde Technical Report, 1998, 1 (11).

来响应动态请求。根德劳（Gendreau）等❶考虑动态的有软时间窗的车辆路径问题，将动态问题拆分成一个个静态问题求解，并对每一个静态问题用禁忌搜索算法求解；为了提高整个车辆运行的柔性，他们首次提出自适应存储记忆的概念，即将上一阶段的路径保存下来，在下一阶段构造新的路径时可以从保存的路径库中随机选择。这种方式结合了禁忌搜索算法和遗传算法的优势，得到的结果比之前的更优。同时指出进一步考虑未来事件发生的时空分布信息，更有助于提高决策效率。本特（Bent）等❷将自适应存储记忆的概念一般化，提出了多计划方法（multiple plan approach，MPA）。

动态请求分布信息可用是指利用随机信息预测未来的动态请求。伊丘亚（Ichoua）等❸指出，利用随机信息预测未来动态请求这一思想源于调度者自身的经验，调度者根据多年经验，能够预测新需求将会出现的时间和地点的规律，运用这些随机信息进行调度，在调度结果与动态请求分布信息不可用的情况下进行比较，会有很大程度的改进。随机动态信息的处理方式有两种，一种是根据调度员的经验，将随机信息人工输入现有系统中；另外一种是通过分析历史动态请求数据来预测未来客户请求，这些方

❶ GENDREAU M, POTVIN J Y. Dynamic vehicle routing and dispatching ［M］// Fleet management and logistics. Springer, Boston, MA, 1998：115 – 126.

❷ BENT R W, VAN HENTENRYCK P. Scenario – based planning for partially dynamic vehicle routing with stochastic customers ［J］. Operations Research, 2004, 52（6）：977 – 987.

❸ ICHOUA S, GENDREAU M, POTVIN J Y. Planned route optimization for real – time vehicle routing ［J］. Dynamic Fleet Management, 2007：1 – 18.

式也都属于预案式调度。博克（Bock）❶ 在文献分析时也提到利用随机信息预测未来需求的意义，具体而言，目前的研究可以归为以下三种利用动态请求分布信息的方法。

（1）精确求解算法（approach using exact solution methods）。

杨（Yang）等❷研究多车辆的动态取送货问题，通过构建一个混合整数规划模型，并运用五种调度策略对问题求解，三种局部搜索优化策略和两种全局搜索优化策略。通过对未来需求的预测，将预期机会成本考虑到优化目标中。数值实验表明，两种全局搜索优化策略的结果要优于三种局部搜索优化策略。

（2）随机概率模型（stochastic modeling based approach）。

运用随机概率分布函数表示未来客户需求的出现。这些随机概率模型都被分为多阶段的模型，常用的模型是马尔可夫决策过程和近似动态规划。鲍威尔（Powell）❸ 针对动态取送货问题，用请求到达率来表示随机信息，请求到达率随具体子区域和子时段的变化而变化。伊丘亚等❹针对动态车辆路径问题，用时空泊松分布来表示未来请求的到达，即将服务范围按照空间分为不同的子区域，将计划周期划分为不同的时间段。每一个子区域在第

---

❶ BOCK S. Real – time control of freight forwarder transportation networks by integrating multimodal transport chains ［J］. European Journal of Operational Research，2010，200（3）：733 – 746.

❷ YANG J，JAILLET P，MAHMASSANI H. Real – time multivehicle truckload pickup and delivery problems ［J］. Transportation Science，2004，38（2）：135 – 148.

❸ POWELL W B. A compapativereviewofalternativealgorithms for the dynamicvehicleallocationproblem ［J］. Vehicle Routing，1988.

❹ ICHOUA S，GENDREAU M，POTVIN J Y. Exploiting knowledge about future demands for real – time vehicle dispatching ［J］. Transportation Science，2006，40（2）：211 – 225.

一时间段都存在一个不同的请求到达率，最后用动态规划方法求解。施密德（Schmid）[1] 研究了存在时变信息的救护车调度问题。当新的请求出现时，必须调配一辆闲置等候的救护车去服务动态请求，优化目标是最小化新请求的响应时间；当救护车的服务完成，变成闲置状态时，需要将其定位到一个合适的位置继续等待，需要解决的问题是如何通过将闲置车辆分配到不同的站点来最小化未来请求的响应时间。因此，关于过去请求的信息被进一步加工后用于预测未来请求的相关信息。相比之前将闲置车辆固定在同一位置的处理方式，通过该调度方式来定位闲置车辆的方法，其动态请求的平均响应时间能够降低7%。

（3）人工提供随机信息（approach with manually provided stochastic knowledge）。

布兰奇尼（Branchini）等[2]研究了动态有软时间窗的车辆路径问题，在重新调度其他车辆时，要用到重新分配策略和等待策略。因此，重新分配的站点位置会根据历史数据进行分析，然后作为随机信息人工添加到所用的策略中。

综上所述，柔性路径公交车实时调度的研究工作虽然已经取得了很大的进展，但是依然存在很多实际问题，导致求解难度比

---

[1] SCHMID V. Solving the dynamic ambulance relocation and dispatching problem using approximate dynamic programming [J]. European Journal of Operational Research, 2012, 219 (3): 611 –621.

[2] BRANCHINI R M, ARMENTANO V A, LØKKETANGEN A. Adaptive granular local search heuristic for a dynamic vehicle routing problem [J]. Computers & Operations Research, 2009, 36 (11): 2955 –2968.

较大。目前对于柔性路径公交车实时调度模型的研究大多数是以主观可以度量的各种指标或者属性作为优化目标，建立特定的数学模型。这种方式忽视了乘客角度的属性值，即现有柔性路径公交车实时调度模型尚未解决乘客等待行为的建模问题，而乘客等待行为的分析、度量、建模又是一个复杂的过程，因为涉及多个学科交叉的理论知识，因此，从乘客等待行为的视角考虑柔性路径公交车实时调度问题是本研究的关键问题。其次，柔性路径公交车实时调度问题属于典型的动态路径车辆调度问题，动态路径车辆调度问题与静态车辆调度问题相比，求解的效率主要体现在调度策略的设计上，本研究将通过分析调度策略产生的结果如何影响乘客等待行为感知，设计相应的调度策略，结合求解算法为整个调度过程提供实时的调度方案。

1.2.3　求解车辆路径问题的算法研究进展

柔性路径公交车实时调度问题属于动态车辆路径问题，动态车辆路径问题又属于车辆路径问题，车辆路径问题本身就是 NP 难题，所以柔性路径公交车实时调度问题也是一个 NP 组合优化难题。❶ 自该问题被提出起，国内外学者设计了大量的算法解决这一难题。这些求解算法大体可以分为两类，一类为精确算法（exact algorithm），另一类为启发式算法（heuristic algorithm）。其中，启发式算法又可以大致分为三类：构造型启发式（Con-

---

❶ 谢金星，刑文训，王振波. 网络优化 [M]. 北京：清华大学出版社，2009.

考虑乘客等待行为的柔性路径公交车实时调度方法

structive heuristics）算法、经典启发式（Classic improvement heu- risitic）算法和元启发式（Metaheuristics）算法。这些算法之间的关系如图1.2所示。

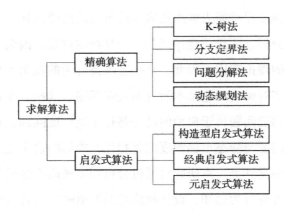

图 1.2　求解算法之间的关系

1.2.3.1　精确算法

精确算法是指可求出其最优解的算法，主要运用线性规划、整数规划、非线性规划等数学规划技术来描述物流系统的数量关系，以便求得最优决策。精确算法基于严格的数学手段，在可以求解的情况下，其解通常要优于人工智能算法。但由于引入严格的数学方法，计算量一般随问题规模的增大而呈指数增长，因而无法避开指数爆炸问题，从而使该类算法只能有效求解中小规模的确定性车辆路径问题，并且通常这些算法都是针对某一特定问题设计的，适用能力较差，因此在实际应用中其范围很有限。由于车辆路径优化问题是 NP 难题，高效的精确算法存在的可能性不大（除非 P = NP），所以寻找近似算法是必要和现实的，为此专家的精力主要花在构造高质量的启发式算法上。基于车辆路径问题传统数学模型的精确算法有很多，代表性的研究成果主要有：费雪（Fisher）❶ 提出的 K – 树法、帕德伯格（Padberg）和里纳尔迪（Rinaldi）❷ 提出的分支定界法；另外有问题分解法，如科尔（Kohl）和麦德森（Madsen）❸ 提出的拉格朗日松弛算法，洛雷娜（Lorena）和赛尼（Senne）❹ 对列生成算法的改进，以及动态规划法。❺

1.2.3.2 启发式算法

启发式算法是在状态空间中的改进搜索算法，它对每一个搜索的位置进行评价，得到最好的位置，再从这个位置进行搜索直到不能改善为止。在启发式搜索中，对位置的估价十分重要，采用不同的估价可以有不同的效果。车辆运输问题的启发式算法可以分为构造型启发式算法、经典启发式算法、元启发式算法。

1. 构造型启发式算法

构造型启发式算法包括节省法或插入法（savings or inser-

❶ FISHER M L. Optimal solution of vehicle routing problems using minimum K – trees [J]. Operations Research, 1994, 42 (4): 626 – 642.

❷ PADBERG M, RINALDI G. A branch – and – cut algorithm for the resolution of large – scale symmetric traveling salesman problems [J]. SIAM Review, 1991, 33 (1): 60 – 100.

❸ KOHL N, MADSEN O B G. An optimization algorithm for the vehicle routing problem with time windows based on Lagrangian relaxation [J]. Operations Research, 1997, 45 (3): 395 – 406.

❹ LORENA L A N, SENNE E L F. A column generation approach to capacitated p – median problems [J]. Computers & Operations Research, 2004, 31 (6): 863 – 876.

❺ LAPORTE G, NOBERT Y, DESROCHERS M. Optimal routing under capacity and distance restrictions [J]. Operations research, 1985, 33 (5): 1050 – 1073.

tion)、路线内（或路线间）节点交换法、贪婪法和局部搜索法等方法。节省法或插入法是在求解过程中使用节省成本最大的可行方式构造路线，直到无法节省为止。基本思想是根据一些准则，每一次将一个不在线路上的点增加进线路，直到所有点都被安排进线路为止。该类算法的每一步把当前的线路构形（很可能是不可行的）跟另外的构形（也可能是不可行的）进行比较并加以改进，后者或是根据某个判别函数（例如总费用）会产生最大限度的节约的构形，或是以最小代价把一个不在当前构形上的需求对象插入进来的构形，最后得到一个较好的可行构形。这些方法一般速度快，也很灵活，但这类方法有时找到的解离最优解差得很远。交换法则是依赖其他方法产生一个起始路线，然后以迭代的方式利用交换改善法减少路线距离，直到不能改善为止。构造型启发式算法简单易懂，求解速度快，但只适合求解小型、简单的车辆路径问题。不同于精确算法，构造型启发式算法只要在合理的时间范围内搜寻到满意解即可，该类算法的核心是通过归纳推理过去的经验来分析、解决新的问题。[1] 构造型启发式算法只考虑近期的优化目标函数，将还没有规定路线的客户按照一些提前设置的标准插入现有的路线中，直到形成一个可行解为止。该算法是求解车辆路径问题较早的近似算法，主要代表性成果有：克拉克（Clarke）和莱特（Wright）[2] 提出的 C - W 节

[1] LIU F F, SHEN S. An overview of a heuristic for vehicle routing problem with time windows [J]. Computers & Industrial Engineering, 1999, 37 (1-2): 331-334.

[2] CLARKE G, WRIGHT J W. Scheduling of vehicles from a central depot to a number of delivery points [J]. Operations Research, 1964, 12 (4): 568-581.

约算法，以及之后众多学者针对节约算法进行的改进，如阿克蒂
尔克（Altinkemer）和加维什（Gavish）❶ 提出了复杂度更低的并
行节约算法；吉勒特（Gillett）和米勒（Miller）❷ 提出的扫描算
法，该方法的核心思路是以配送中心为原点，引出一条射线并旋
转，如果此射线扫过的顾客的需求量之和达到车辆载重时，则表
示找到了一辆车将要服务的顾客的集合，并按此方式继续寻找下
一个顾客集。随后，福斯特（Foster）等❸、里安（Ryan）等❹、
雷诺（Renaud）等❺提出了更复杂的 Sweep 算法版本；所罗门
（Solomon）❻ 提出了最近邻启发式算法，学者波特文（Potvin）
等❼、富瓦西（Foisy）等❽、约安努（Ioannou）等❾基于所罗门

❶ ALTINKEMER K, GAVISH B. Parallel savings based heuristics for the delivery
problem [J]. Operations Research, 1991, 39 (3): 456–469.

❷ GILLETT B E, MILLER L R. A heuristic algorithm for the vehicle – dispatch prob-
lem [J]. Operations Research, 1974, 22 (2): 340–349.

❸ FOSTER B A, RYAN D M. An integer programming approach to the vehicle schedu-
ling problem [J]. Journal of the Operational Research Society, 1976, 27 (2): 367–384.

❹ RYAN D M, HJORRING C, GLOVER F. Extensions of the petal method for vehi-
cle routeing [J]. Journal of the Operational Research Society, 1993, 44 (3): 289–296.

❺ RENAUD J, BOCTOR F F, LAPORTE G. An improved petal heuristic for the ve-
hicle routeing problem [J]. Journal of the operational Research Society, 1996, 47 (2):
329–336.

❻ SOLOMON M M. Algorithms for the vehicle routing and scheduling problems with
time window constraints [J]. Operations Research, 1987, 35 (2): 254–265.

❼ POTVIN J Y, ROUSSEAU J M. A parallel route building algorithm for the vehicle
routing and scheduling problem with time windows [J]. European Journal of Operational Re-
search, 1993, 66 (3): 331–340.

❽ FOISY C, POTVIN J Y. Implementing an insertion heuristic for vehicle routing on
parallel hardware [J]. Computers & Operations Research, 1993, 20 (7): 737–745.

❾ IOANNOU G, KRITIKOS M, PRASTACOS G. A greedy look – ahead heuristic for
the vehicle routing problem with time windows [J]. Journal of the Operational Research Soci-
ety, 2001, 52 (5): 523–537.

考虑乘客等待行为的柔性路径公交车实时调度方法

的最近邻启发式算法作了进一步的研究。其后虽有很多学者对此类算法进行了改进，但这些改进的目标大部分为缩短计算时间和减少内存，这些改进对于当代发达的计算机计算功能而言显得微不足道。

2. 经典启发式算法

经典启发式算法包括两种启发式策略。第一种是先分组后定路线（clusterfirst – route second），即先将所有需求点大略分为几个组，再对各个组分别进行路线排序；第二种是先定路线后分组（routefirst – cluster second），即先将所有的需求点建构成一条路线，再根据车辆的容量将这一路线分割成许多适合的单独路线。这两种策略的第一阶段都是先得到一个可行解，第二阶段再通过对点的调整，在始终保持解的可行性的情况下，力图向最优目标靠近，每一步都产生另一个可行解以代替原来的解，使目标函数值得以改进，一直持续到不能再改进目标函数值为止。一些基于数学规划的算法也属于经典启发式算法，把问题直接描述成一个数学规划问题，根据其模型的特殊构形，应用一定的技术（如分解）进行划分，进而求解已被广泛研究过的子问题。在经典启发式算法求解过程中，常常采用交互式优化技术，把人的主观能动作用结合到问题的求解过程中，其主要思想是：有经验的决策者具有对结果和参数的某种判断能力，并且根据知识直感，把主观的估计加到优化模型中去。这样做通常会增加模型最终实现并被采用的可能性。此方法是目前成果最丰富、应用最多的一类方法。每一种方法讨论的情况不尽一致，适用范围也不完全相同。

具有代表性的经典启发式算法有两类，一类是车辆内部的路

· 48 ·

径变动,即从某一辆车的路径中提取出来的客户点只能插入该路径的其他位置,代表性算法是琳(Lin)❶提出的一种解决旅行商问题(traveling salesman problem,TSP)的 opt 算法,其思想是对给定的初始回路,通过每次交换 k 条边来改进当前解。后续的研究者对该算法加以扩展,延伸应用到车辆路径问题领域,出现了 3 - opt 算法和 4 - opt 算法等一系列 opt* 算法❷。另外一类是车辆间的路径变动规则,指的是从某辆车的路径中提取出来的客户点会重新定位到其他车辆路径中,代表性算法是奥斯曼(Osman)❸提出的 λ - interchange 算法,它的思想是在几条线路之间相互交换一些客户来改进路线。

3. 元启发式算法

元启发式算法主要包括遗传算法、禁忌搜索算法、模拟退火算法、蚁群算法、粒子群算法等。这些算法是近 20 年来出现的用于解决较复杂的组合优化问题的方法。构造启发式算法和经典启发式算法都不允许劣质中间解的产生,而只允许解的优化结果

❶ LIN S. Computer solutions of the traveling salesman problem [J]. Bell System Technical Journal, 1965, 44 (10): 2245 - 2269.

❷ TAILLARD É, BADEAU P, GENDREAU M, et al. A tabu search heuristic for the vehicle routing problem with soft time windows [J]. Transportation Science, 1997, 31 (2): 170 - 186.

POTVIN J Y, KERVAHUT T, GARCIA B L, et al. The vehicle routing problem with time windows part I: tabu search [J]. INFORMS Journal on Computing, 1996, 8 (2): 158 - 164.

POTVIN J Y, BENGIO S. The vehicle routing problem with time windows part II: Geneticsearch [J]. INFORMS journal on Computing, 1996, 8 (2): 165 - 172.

❸ OSMAN I H. Metastrategy simulated annealing and tabu search algorithms for the vehicle routing problem [J]. Annals of Operations Research, 1993, 41 (4): 421 - 451.

沿好的方向单向递增，因此，这两种算法都较容易陷入局部最优。而元启发式算法能够克服这一缺点，允许接受质量较差甚至不可行的解作为中间过渡解，该算法因而能够跳出局部最优解去搜索全局最优解。

① 遗传算法（genetic algorithm，GA）。该算法是 1975 年由霍兰德（Holland）❶ 提出的，其基本思想是首先用编码的形式来表示问题的可行解，然后生成一个初始可行解的种群，通过多个个体间的选择、交叉和变异的遗传操作、相互协作进行解的探索，按照此方式不断循环迭代，直到生成满意解为止。遗传算法在时窗限制车辆路径问题以及在先分组后安排路径的路径规划问题等一些具有多目标的路径规划问题的运用上，取得了很好的效果❷。然而在运用该方法的过程中，问题的求解质量主要依赖于初始种群的大小以及遗传代数，很多时候需要以牺牲求解时间来换取优质解。此后，很多学者将遗传算法与其他算法相结合进行

❶ HOLLAND J H. Adaptation in natural and artificial systems: an introductory analysis with applications to biology, control, and artificial intelligence [M]. MIT press, 1992.

❷ BERGER J, BARKAOUI M, BRÄYSY O. A route – directed hybrid genetic approach for the vehicle routing problem with time windows [J]. INFOR: Information Systems and Operational Research, 2003, 41 (2): 179 – 194.

BERGER J, BARKAOUI M. A parallel hybrid genetic algorithm for the vehicle routing problem with time windows [J]. Computers & Operations Research, 2004, 31 (12): 2037 – 2053.

研究，以提高遗传算法的求解效率。❶ 后来学者们在研究多目标优化问题的求解算法时，在遗传算法基础上提出了非支配排序遗传算法（NSGA）❷，2002 年德布（Deb）等❸对非支配排序遗传算法进行改进，提出第二代非支配排序遗传算法（NSGA - Ⅱ）。

② 禁忌搜索算法（Tatu search，TS）。该算法于 1986 年由格洛弗（Glover）❹ 首次提出，是对局部邻域搜索扩展后的一种全

❶ BENYAHIA I，POTVIN J Y. Decision support for vehicle dispatching using genetic programming [J]. IEEE Transactions on Systems，Man，and Cybernetics - Part A：Systems and Humans，1998，28（3）：306 - 314.

GEN M，CHENG R. Genetic algorithms and engineering optimization [M]. Wiley - Interscience，2008.

TAN K C，LEE T H，OU K，et al. A messy genetic algorithm for the vehicle routing problem with time window constraints [C] //Proceedings of the 2001 Congress on Evolutionary Computation（IEEE Cat. No. 01TH8546）. IEEE，2001，1：679 - 686.

CHEN T K，HAY L L，KE O. Hybrid genetic algorithms in solving vehicle routing problems with time window constraints [J]. Asia - Pacific Journal of Operational Research，2001，18（1）：121.

ROMERO M，SHEREMETOV L，SORIANO A. A genetic algorithm for the pickup and delivery problem：An application to the helicopter offshoretransportation [M] //Theoretical advances and applications of fuzzy logic and soft computing. Springer，Berlin，Heidelberg，2007：435 - 444.

JEON G，LEEP H R，SHIM J Y. A vehicle routing problem solved by using a hybrid geneticalgorithm [J]. Computers & Industrial Engineering，2007，53（4）：680 - 692.

MARINAKIS Y，MARINAKI M. A hybrid genetic - particle swarm optimization algorithm for the vehicle routing problem [J]. Expert Systems with Applications，2010，37（2）：1446 - 1455.

❷ SRINIVAS N，DEB K. Muiltiobjective optimization using nondominated sorting in genetic algorithms [J]. Evolutionary computation，1994，2（3）：221 - 248.

❸ DEB K，PRATAP A，AGARWAL S，et al. A fast and elitist multiobjective genetic algorithm：NSGA - Ⅱ [J]. IEEE transactions on evolutionary computation，2002，6（2）：182 - 197.

❹ GLOVER F. Tabu search—part I [J]. ORSA Journal on computing，1989，1（3）：190 - 206.

局逐步寻优算法。静态路径车辆问题的研究主要是针对不同车辆路径问题的子问题展开的，主要成果有：查奥（Chao）❶、朔伊雷雨（Scheuerer）❷ 用该算法解决了带拖车的车辆路径问题；布兰登（Brandao）❸ 用该算法求解开放车辆路径问题；蒙塔内（Montane）和加尔瓦（Galvao）❹ 用该算法求解集货供货一体化的车辆路径问题。针对动态路径车辆问题的研究成果有：根德劳受快递服务的启发，提出了求解动态车辆路径问题的并行禁忌算法❺。随后，根德劳采用该并行禁忌算法求解了急救车的调配求解问题❻。阿塔纳西奥（Attanasio）❼ 同样是采用并行禁忌算法求解了 Dial – a – Ride 问题。伊丘亚（Ichoua）和根德劳提出了一种用于分配顾客动态需求的策略，并且比较了禁忌算法结合该策略后求解动态 VRP 的性能❽。

❶ CHAO I M. A tabu search method for the truck and trailer routing problem［J］. Computers & Operations Research，2002，29（1）：33 – 51.

❷ SCHEUERER S. A tabu search heuristic for the truck and trailer routing problem［J］. Computers & Operations Research，2006，33（4）：894 – 909.

❸ BRANDÃO J. A tabu search algorithm for the open vehicle routing problem［J］. European Journal of Operational Research，2004，157（3）：552 – 564.

❹ MONTANÉ F A T，GALVAO R D. A tabu search algorithm for the vehicle routing problem with simultaneous pick – up and delivery service［J］. Computers & Operations Research，2006，33（3）：595 – 619.

❺ BRANDÃO J. A tabu search algorithm for the open vehicle routing problem［J］. European Journal of Operational Research，2004，157（3）：552 – 564.

❻ GENDREAU M，GUERTIN F，POTVIN J Y，et al. Parallel tabu search for real – time vehicle routing and dispatching［J］. Transportation science，1999，33（4）：381 – 390.

❼ ATTANASIO A，CORDEAU J F，GHIANI G，et al. Parallel tabu search heuristics for the dynamic multi – vehicle dial – a – ride problem［J］. Parallel Computing，2004，30（3）：377 – 387.

❽ ICHOUA S，GENDREAU M，POTVIN J Y. Diversion issues in real – time vehicle dispatching［J］. Transportation science，2000，34（4）：426 – 438.

③ 模拟退火算法（Simulated annealing algorithm，SA）。该算法是由柯克帕特里克（Kirkpatrick）等[1]提出的一种求解组合最优化问题的算法。该方法适用的领域较多，具有较强的实用性，并可人为地控制迭代次数，反复求解。然而该方法所得解的质量与初始状态、温度函数等都有一定的联系，降温速度影响着求解的质量与效果。研究成果包括：阿尔法（Aalfa）[2]结合3 – opt 和模拟退火算法求解了车辆路径问题。福克斯（Fox）[3]提出了将模拟退火算法与禁忌搜索算法、遗传算法混合的元启发式算法。蒋（Chiang）[4]研究了求解 VRPTW 的 SA 算法。类似研究见巴克姆（Bachem）[5]、捷克（Czech）[6]、本特（Bent）[7]、奥尔曼

[1] KIRKPATRICK S, GELATT JR C D, VECCHI M P. Optimization by simulated annealing [J]. science, 1983, 220 (4598)：671 –680.

[2] ALFA A S, HERAGU S S, CHEN M. A 3 – opt based simulated annealing algorithm for vehicle routing problems [J]. Computers & Industrial Engineering, 1991, 21 (1 – 4)：635 –639.

[3] FOX B L. Integrating and accelerating tabu search, simulated annealing, and genetic algorithms [J]. Annals of Operations Research, 1993, 41 (2)：47 –67.

[4] CHIANG W C, RUSSELL R A. Simulated annealing metaheuristics for the vehicle routing problem with time windows [J]. Annals of Operations Research, 1996, 63 (1)：3 –27.

[5] BACHEM A, HOCHSTÄTTLER W, MALICH M. The simulated trading heuristic for solving vehicle routing problems [J]. Discrete Applied Mathematics, 1996, 65 (1 – 3)：47 –72.

[6] CZECH Z J, CZARNAS P. Parallel simulated annealing for the vehicle routing problem with time windows [C] //Proceedings 10th Euromicro workshop on parallel, distributed and network – based processing. IEEE, 2002：376 –383.

[7] BENT R, VAN HENTENRYCK P. A two – stage hybrid local search for the vehicle routing problem with time windows [J]. Transportation Science, 2004, 38 (4)：515 –530.

（Ohlmann）等●提出的"模拟升压—退火算法"（compressed an-
nealing algorithm）在求解有时间窗的旅行商问题时，充分考虑了
惩罚系数对求解结果的影响，在传统的模拟退火算法过程中，引
入压强的概念，其值对应模型中的惩罚系数，含义是要以一定的
概率接受落在时间窗外的解，随着压强的增大，这一接受概率会
越来越小，使得搜索到最优解的概率提高，减少了确定惩罚系数
的随机性和盲目性。

④ 蚁群算法（Ant Colony Optimization，ACO）。该算法是近十
几年来新兴起的一种模仿真实蚂蚁觅食行为的仿生算法。可以查
到的最早将该算法应用到路径规划问题上的文献始于 1995 年●。
此后，甘巴德拉（Gambardella）和多格里奥（Dorigo）●，施蒂茨
勒（Stutzle）和霍斯（Hoos）● 等都将该算法应用到路径规划问

———————

● OHLMANN J W，THOMAS B W. A compressed – annealing heuristic for the trave-
ling salesman problem with time windows ［J］. INFORMS Journal on Computing，2007，19
（1）：80 – 90.

● GAMBARDELLA L M，DORIGO M. Ant – Q：A reinforcement learning approach
to the traveling salesman problem ［M］//Machine learning proceedings 1995. Morgan Kauf-
mann，1995：252 – 260.

● GAMBARDELLA L M，DORIGO M. Solving symmetric and asymmetric TSPs by
ant colonies ［C］//Proceedings of IEEE international conference on evolutionary computa-
tion. IEEE，1996：622 – 627.

DORIGO M，GAMBARDELLA L M. Ant colony system：a cooperative learning ap-
proach to the travelingsalesman problem ［J］. IEEE Transactions on evolutionary computa-
tion，1997，1（1）：53 – 66.

● STUTZLE T，HOOS H. MAX – MIN ant system and local search for the traveling
salesman problem ［C］//Proceedings of 1997 IEEE international conference on evolutionary
computation（ICEC'97）. IEEE，1997：309 – 314.

题中并获得成功。另外，学者贝尔（Bell）等❶较为全面地分析叙述了蚁群算法在车辆路径领域的使用。最近吉亚尼（Ghiani）等❷、马泽奥（Mazzeo）和卢瓦索（Loiseau）❸、巴尔塞罗（Balseiro）❹ 研究了蚁群算法在车辆路径问题求解中的应用。国内胡祥培和丁秋雷❺，针对在有时间窗的车辆路径问题的求解上存在的缺陷，提出一种新的混合蚁群算法，具体阐述了蚁群算法具有群体合作、正反馈选择、并行计算等三大特点，并且可以根据需要为人工蚁加入前瞻、回溯等自然蚁所没有的特点。因此，该算法具有很强的发现较好的解的能力。但是这种算法也会存在一些缺陷，比如搜索时间比较长，很容易出现停滞现象，即搜索进行到一定的程度后，所有个体发现的解会完全相同，不能对解空间进行进一步的搜索，不利于发现更好的解。现在对该算法的研究大部分都集中在对类似不足的改进之上。

⑤ 粒子群算法（Particle Swarm Optimization，PSO）。该算法

❶ BELL J E, MCMULLEN P R. Ant colony optimization techniques for the vehicle routing problem [J]. Advanced engineering informatics, 2004, 18 (1): 41-48.

❷ GHIANI G, MANNI E, QUARANTA A, et al. Anticipatory algorithms for same-day courier dispatching [J]. Transportation Research Part E: Logistics and Transportation Review, 2009, 45 (1): 96-106.

❸ YU B, YANG Z Z, YAO B. An improved ant colony optimization for vehicle routing problem [J]. European journal of operational research, 2009, 196 (1): 171-176.

❹ BALSEIRO S R, LOISEAU I, RAMONET J. An ant colony algorithm hybridized with insertion heuristics for the time dependent vehicle routing problem with time windows [J]. Computers & Operations Research, 2011, 38 (6): 954-966.

❺ 丁秋雷，胡祥培，李永先. 求解有时间窗的车辆路径问题的混合蚁群算法 [J]. 系统工程理论与实践，2007, 27 (10): 98-104.

于 1995 年由肯尼迪（Kennedy）和埃伯哈特（Eberhart）❶ 提出，是相对最新的元启发式算法。受到飞鸟集群活动的规律性启发，粒子群算法将每个个体看作是搜索空间中的一个飞行着的粒子，利用群体中个体对信息的共享使整个群体的运动状态从无序变为有序，从而获得最优解。最近已有少数学者将粒子群算法用于求解车辆路径问题，如马里纳基斯（Marinakis）❷、莫哈达姆（Moghaddam）❸。布兰奇尼（Branchini）❹ 研究了一种自适应粒子局部搜索的算法用于求解动态车辆路径问题，其中目标函数为最大化企业利益，并且应用了配送车辆在可能出现潜在顾客处等待的策略。2010 年胡阿德贾（Khouadjia）❺ 首次采用粒子群算法求解了动态车辆路径问题，通过比较传统算法验证了该算法的有效性。

综上所述，每一种算法单独工作都会存在一些较大的缺陷，而且随着社会的发展，问题规模不断扩大化，结构不断复杂化，

❶ KENNEDY J, EBERHART R. Particle swarm optimization [C] //Proceedings of ICNN'95 – international conference on neural networks. IEEE, 1995, 4: 1942 – 1948.

❷ MARINAKIS Y, MARINAKI M. A hybrid genetic – particle swarm optimization algorithm for the vehicle routing problem [J]. Expert Systems with Applications, 2010, 37 (2): 1446 – 1455.

❸ MOGHADDAM B F, RUIZ R, SADJADI S J. Vehicle routing problem with uncertain demands: An advanced particle swarm algorithm [J]. Computers & Industrial Engineering, 2012, 62 (1): 306 – 317.

❹ BRANCHINI R M, ARMENTANO V A, LØKKETANGEN A. Adaptive granular local search heuristic for a dynamic vehicle routing problem [J]. Computers & Operations Research, 2009, 36 (11): 2955 – 2968.

❺ KHOUADJIA M R, ALBA E, JOURDAN L, et al. Multi – swarm optimization for dynamic combinatorial problems: A case study on dynamic vehicle routing problem [C] //International Conference on Swarm Intelligence. Springer, Berlin, Heidelberg, 2010: 227 – 238.

单一的算法很难解决现实中的复杂问题。如果将几类算法融会贯通，取长补短，就可以克服很多缺点，构造出比较好的算法。近十几年对算法的研究开始侧重于融合多种算法，构造混合算法上。混合算法是指科学地结合两种或者两种以上的算法，以获取这些算法各自的优点，产生综合性能更高的算法，这也成为算法设计的一个热点领域。如米拉比（Mirabi）❶ 提出了一个求解多配送点的车辆路径问题的随机混合算法；琳（Lin）❷ 设计了一种基于混合模拟退火法和禁忌搜索法的混合算法，用于求解具有能力约束的车辆路径问题。

1.2.4 柔性路径公交实时调度研究所遇到的问题

综上所述，国内外学者已经在柔性路径公交车实时调度问题的模型、策略和算法方面开展了众多的前沿性的研究工作，研究成果也比较丰富，为后续的同类研究提供了一定的依据与基础。另外，在行为学和市场营销学研究领域，对等待心理和行为的研究也有丰富的成果，然而，目前这两类研究的成果分别属于两个不同的研究领域，因此其研究成果无法直接运用到本研究中，主要问题在于以下几个方面。

---

❶ MIRABI M, GHOMI S M T F, JOLAI F. Efficient stochastic hybrid heuristics for the multi – depot vehicle routing problem [J]. Robotics and Computer – Integrated Manufacturing, 2010, 26 (6): 564 – 569.

❷ LIN S W, LEE Z J, YING K C, et al. Applying hybrid meta – heuristics for capacitated vehicle routing problem [J]. Expert Systems with Applications, 2009, 36 (2): 1505 – 1512.

（1）关于乘客等待心理和行为的研究：现有乘客等待心理和行为的研究主要集中在两方面。其一，以定性研究为主，研究背景局限于市场营销、酒店管理等具体的应用领域，相关研究成果的进一步运用有严格的背景限制，不能直接套用到柔性公交车实时调度问题上，但是能够为本研究工作提供一定的借鉴；其二，定性研究和定量研究都存在，研究成果集中在行为学科和心理学科方面，虽然能够为本研究中涉及的乘客等待心理和行为的研究提供理论基础，但是这些关于等待行为和心理的理论如何与柔性路径公交车实时调度模型相融合是研究的难点所在。

（2）关于柔性路径公交车实时调度模型和策略的研究：目前对于柔性路径公交车实时调度模型的研究大多数是以主观可以度量的各种指标或者属性作为优化目标，建立特定的数学模型。这种数学模型的一个基本假设是乘客是完全理性的。而实际上人不是完全理性的，乘客具有有限理性的特征，即现有柔性路径公交车实时调度模型忽略了人的有限理性特征，作为一种客运系统，人的有限理性在调度中起着重要的作用。对乘客等待行为的分析、度量、建模又是一个复杂的过程，因为涉及多个学科交叉的理论知识，因此从乘客等待行为的视角考虑柔性路径公交车实时调度问题是本研究的关键难点问题。另外，柔性路径公交车实时调度问题属于典型的动态路径车辆问题，动态路径车辆问题与静态车辆调度问题相比，求解的效率主要体现在调度策略的设计上，本研究将通过分析调度策略产生的结果如何影响乘客等待行为感知，设计相应的调度策略，结合求解算法为整个调度过程提供实时的调度方案。

（3）关于柔性路径公交车实时调度问题求解算法的研究：柔性路径公交车实时调度模型的求解属于 NP 难问题，目前关于求解 NP 难问题的方法已有很多，但是每种算法都有其自身的优势和不足。而且随着问题规模的不断变化，复杂程度也越来越高，单一的算法已经很难求解这类问题，需要结合相应的调度策略对模型求解。另外，结合本研究的特点，因为问题本身是具有两阶段等待的优化问题，如果不考虑乘客行为特征，两阶段等待的时间可以相加，则该问题是单目标优化问题。然而，在考虑乘客等待行为的问题中，乘客在两阶段中的等待心理和行为不完全一样，各有其特征，因此该问题需要优化两个阶段的等待过程，属于多目标优化问题。进化算法是求解多目标问题常用的方法，然而求解本研究的难点体现在动态乘客问题上，乘客的动态出现需要一定的插入规则。

通过上述分析可知，单纯地用现有的模型和算法不能解决考虑乘客等待行为的柔性路径公交车实时调度问题。要更好地解决这一涉及学科交叉的复杂问题，需要一种能够合理表示乘客等待心理和行为的方法，并且能够将等待心理和行为的特征嵌入柔性路径公交车实时调度的数学模型中；需要一种能够求解多目标问题的高效算法，能够实时地响应动态乘客的请求，实时得到科学有效的调度方案。

因此，将乘客等待行为与柔性路径公交车调度问题相结合的研究属于行为运筹与行为运作管理（BOR/BOM）领域的研究范畴。行为运筹与行为运作管理将人的行为与传统的运筹/运作管理相结合，针对含有人的系统开展相关研究，是传统运筹学与运作管理相融合的一个新兴的研究领域。❶ 目前国内外学术界都非常重视行为运作管理的研究，其中国外已连续举办六届行为运作会议（Behavioral Operations Conference），一些管理科学领域的权威期刊如 MSOM，IJPE 还为此出版了专辑；国内也有一批学者投入到行为运作的研究领域，清华大学从 2009 年开始，已经连续主办了五届行为运筹与行为运作管理国际研讨会，吸引了很多从事相关研究的学者，这些都积极地推动了行为运筹与行为运作管理的相关研究。关于行为运筹与运作管理的相关研究进展见参考文献［145］［146］。近些年来，行为运作管理的研究逐步涉足很多领域，如供应链、生产管理、质量管理、收益管理等，然而从行为视角研究车辆路径问题的成果尚属鲜见。因此，本研究尝试从行为视角研究车辆路径问题，从理论上能够拓宽行为运筹与行为运作的研究领域，同时也能够丰富和完善车辆路径问题的相关理论。

1.3 本书的主要研究内容与思路

1.3.1 研究内容

通过对国内外相关研究现状的综述分析，深入提炼问题的特

---

❶ BENDOLY E, DONOHUE K, SCHULTZ K L. Behavior in operations management: Assessing recent findings and revisiting old assumptions ［J］. Journal of operations management, 2006, 24（6）: 737 –752.

点和研究的难点，按照"提出问题—分析问题—解决问题"的
逻辑思路，分析乘客的等待行为特征，并将其量化，构建了存在
两阶段等待过程的柔性路径公交车实时调度问题的多目标数学模
型，设计快速响应动态请求的实时调度策略，并提出了用改进的
非支配排序遗传算法与序贯决策相融合的求解方法对模型求解，
从而得出实时调度的结果。本研究为行为运作管理的深入拓展研
究进行了有益探索。

　　本书的具体研究内容包括以下四方面：①对存在两阶段等待
过程的柔性路径公交车实时调度问题特征的分析。以柔性路径公
交车问题为基础，对存在两阶段等待过程的具体问题特征进行深
入剖析，从而确定影响两阶段等待的柔性路径公交车实时调度问
题的关键难点，包括与其他现有问题的区别分析，以及公交车实
时响应与调度策略分析。②对乘客等待行为的分析。考虑乘客等
待行为的柔性路径公交车实时调度方法的前提是需要对乘客等待
行为进行分析，主要结合前景理论、行为理论和等待心理学相关
研究成果，对乘客等待行为进行刻画，为下一步深入分析考虑乘
客等待行为的柔性路径公交车实时调度模型的构建思路提供理论
基础。③对考虑乘客等待行为的柔性路径公交车实时调度模型与
算法的研究。以上述研究为基础，建立基于乘客行为的柔性路径
公交车实时调度模型。由于该模型是 NP 难问题，求解非常困难，
因此如何充分考虑乘客的两阶段等待中的行为特征，快速响应动
态请求，是求解问题的关键环节。而综合考虑两阶段等待的行为
特征，属于多目标优化问题，第二代非支配排序遗传算法是目前
最流行的多目标进化算法之一，它降低了非支配排序遗传算法的

复杂性，具有运行速度快，解集收敛性好的优点，成为其他多目标优化算法性能的基准。另外，本问题属于动态优化问题，通过将问题按照时间或者动态乘客点数分成多个阶段，转化为多阶段的决策问题，将序贯决策与第二代非支配排序遗传算法相融合后对问题整体进行决策。因此，设计第二代非支配排序遗传算法，并融合序贯决策求解具有两阶段等待的柔性路径公交车实时调度问题模型。④对模型、算法以及调度策略的数值实验分析。以上述理论研究为基础，设计数值实验验证模型及其求解算法的有效性，并对调度策略的适用性和优劣性进行具体分析。根据数值实验分析的结果，提出相应的管理决策建议。管理者在做决策时，针对乘客等待心理和行为的主要特征，通过采取一定的措施，能够做出更优决策，从而提高其服务质量。

1.3.2 研究思路

本书的研究是首先通过问题分析，提出考虑乘客等待行为的、具有两阶段等待过程的柔性路径公交车实时调度问题；然后对问题进行深入分析，进一步提炼问题的特征和难点；在此基础上解决问题，从解决问题的原理分析，到模型的构建，再到求解算法设计；最后通过数值实验来验证模型、算法以及调度策略的可行性及适用性，并根据数值实验的结果给管理者提供决策建议。技术路线如图 1.3 所示。

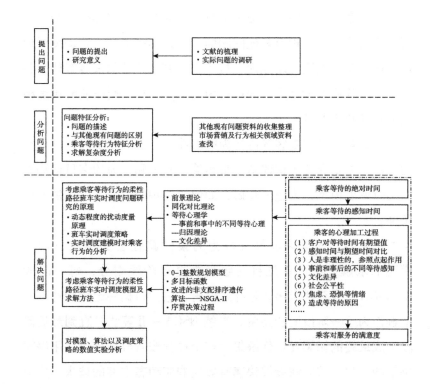

图 1.3 技术路线

1.3.3 篇章结构

根据拟定的研究内容，本书以"提出问题—分析问题—解决问题"的基本研究逻辑展开阐述，具体篇章结构如下。

第 1 章：绪论。提出问题，通过对国内外相关研究的综述，分析现有研究的优势和不足，从而明确本研究的难点问题，以及本研究的理论意义和实际意义。

第 2 章：柔性路径公交车实时调度问题及乘客等待行为的分析。主要介绍了与现有其他问题的区别；动态请求的扰动度量原理分析；实时调度策略原理分析；实时调度涉及的乘客等待行为的分析。为后续考虑乘客等待行为的柔性路径公交车实时调度模型的构建奠定基础。

第 3 章：考虑乘客等待行为的柔性路径公交车实时调度模型的构建。主要介绍了构建基于乘客等待心理和行为的多目标动态的实时调度模型，为进一步研究如何快速响应乘客请求提供前提条件。

第 4 章：考虑乘客等待行为的柔性路径公交车实时调度模型的求解方法。首先将问题规模进行阶段划分，每一阶段用 NSGA - Ⅱ 算法求出帕累托最优解；进而根据一定规则选取一个解作为下一阶段的初始解，继续 NSGA - Ⅱ 算法，直到最后阶段生成最终的帕累托最优解集，整个过程按阶段划分后运用序贯决策的思想。该方法能够快速有效地响应动态乘客的请求，生成以客户满意度最高为目标的调度方案，提高柔性路径公交车运营企业的决策效率，从而提高其服务质量。

第 5 章：数值实验。通过对模型参数的灵敏度分析，验证模型和算法的可行性和适用性，并根据数值实验分析的结果给管理者提供决策建议。

最后结论部分总结书的研究成果和创新之处，并展望进一步的研究工作。

本书的篇章结构如图 1.4 所示。

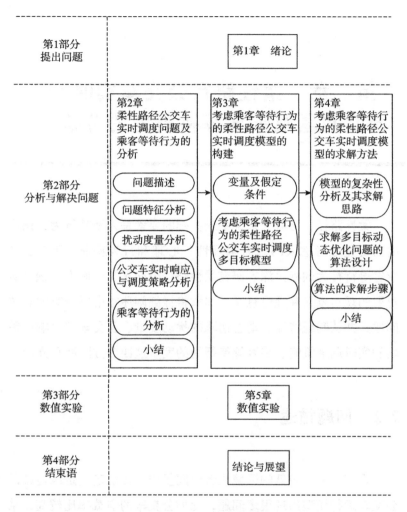

图1.4 本书的篇章结构

第2章 柔性路径公交车实时 调度问题及乘客等待行为的分析

柔性路径公交服务系统中最关键的要素是人及其行为，调度时需要充分考虑人的"有限理性"心理和行为特征。因此，从乘客等待行为的视角深入研究柔性路径公交车实时调度问题具有重要的现实意义和理论意义。本章将详细阐述本书要研究的具体问题，并从问题特征、动态请求的扰动度量、公交车实时响应策略和实时调度策略、乘客等待行为的度量这四个方面展开分析。

2.1 问题描述

在客流密度较低的区域或者时间段内，传统定点定线定站的公交车运行模型出现很多问题，比如公交车的空载率比较高，乘客等待时间比较长，公交车运行成本太高等。所以，在这种背景下，柔性路径公交车应运而生。

柔性路径公交车的实时调度问题可以定义和描述为：在某一个区域内或者某一个区域的某一时间段内，公交车运行采用柔性路径的方式，具体运作模式属于多对一服务（见 1.2.2），如图 2.1 所示。

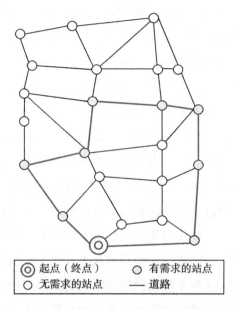

图 2.1　柔性路径公交车运行区域示意

　　开始时，公交车停在起点（公交车的起点和终点为同一个点），当有乘客请求出现时，公交车开始响应请求，在整个柔性路径公交车的运行过程中，公交车不断响应实时出现的动态请求，直到出现的所有动态请求无法都在满足一定条件的前提下得到响应，则公交车服务完已经获得响应的乘客后，将所有乘客送到终点，一趟服务即完成。后续出现的新动态请求以及无法由此公交车服务的请求将由其他的公交车提供服务，非本研究的范畴。

　　在实时控制公交车路径的过程中，存在一组动态的客户 $R =$

$\{1, 2, 3, \cdots, r\}$，这些需要被服务的客户会动态地出现在一天中的任何时间，公交车开始在起始点，服务完客户后也会返回到起始点。在公交车运行的过程中，实时的客户请求动态地出现，所有实时请求过的客户必须被服务，如果当前运行公交车无法响应请求，则安排其他车辆。公交车的乘客容量可以忽略不计，因为本研究的应用背景是低密度客流区域或者低密度客流时间段，在这种背景下车辆容量始终会有剩余。

如前所述，当动态乘客的请求出现时，车辆需要尽快去响应客户请求，同时还需要考虑客户请求得到响应之后，在车上的客户的等待时间。因此，在这个过程中，乘客要经历两个阶段的等待时间，第一阶段的等待时间称为响应时间，第二阶段的等待时间称为绕行时间。响应时间是指从乘客请求出现的时间点到乘客被服务的时间点；绕行时间指乘客从上车到下车的时间，即乘客在车上的时间。这两个阶段的等待时间会对乘客的满意度造成直接影响。本研究构建模型的优化目标就是要最小化这两个阶段的感知等待时间，从而提高乘客的满意度。

市场营销研究领域存在两种主流的方式来度量客户的满意度是如何随着等待时间的变化而发生变化的，一种是线性函数关系❶，另一种是二次函数关系❷，因此在后续研究中本书将针对

❶ ROMERO M, SHEREMETOV L, SORIANO A. A genetic algorithm for the pickup and delivery problem：An application to the helicopter offshore transportation ［M］//Theoretical advances and applications of fuzzy logic and soft computing. Springer, Berlin, Heidelberg, 2007：435 – 444.

❷ JEON G, LEEP H R, SHIM J Y. A vehicle routing problem solved by using a hybrid genetic algorithm ［J］. Computers & Industrial Engineering, 2007, 53 (4)：680 – 692.

这两种关系建立模型的目标函数。另外，假设每个乘客有其最长能容忍的响应时间 R^{mrt} 和最长能容忍的绕行时间 D^{mrt}，否则会有惩罚函数值 R^{pen}。另外一个需要强调的是，公交车响应每个乘客的请求后，乘客上车所需时间很短，而且每个乘客上车所需时间一样，因此本研究不考虑乘客上车时间。由于两个阶段的等待而对乘客造成的不满意度与响应时间和绕行时间之间的关系如图2.2所示。其中图中虚线条表示当请求出现时，公交车开始响应请求，第一阶段等待对乘客造成的不满意度随着响应时间的延长发生变化，如果超过最大容忍的响应时间，则会有一个惩罚值；图中实线条表示第二阶段的等待过程，当乘客上车后，第二阶段等待对乘客造成的不满意度随着绕行时间的增加而提升，如果超过最大容忍的绕行时间，则会有一个惩罚值。另外，在每个阶段中，乘客不满意度随响应时间和绕行时间变化的关系分为线性函数关系和二次函数关系。

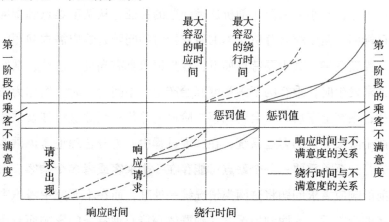

图2.2 乘客的不满意度与响应时间和绕行时间之间的关系

考虑乘客等待行为的柔性路径公交车实时调度方法

2.2　问题特征分析

基于上述对问题的描述，本节将进一步阐述该问题独有的特点，包括与其他柔性路径车辆问题的区别，以及柔性路径公交车实时调度问题的归类分析。

2.2.1　与其他柔性路径问题的区别

从传统的车辆路径问题研究的范畴进行归类，本书所涉及的两阶段等待的柔性路径公交车实时调度问题属于响应需求问题，该问题的研究包括 DARP、SHUTTLE、TELEBUS、TAXI、RDOPG 等。关于每一类问题的特点，在第 1 章绪论部分的文献综述中已经阐述，本小节将深入剖析这类问题的特征，从调度难点和调度目标两个角度综合分析。本书研究针对的问题是响应需求问题的一类新变种，其主要特点如下：客户请求具有高度动态性；乘客请求发生时，乘客的不满意度开始产生，中间没有时间窗作为缓冲；乘客上车后，将会遇到第二阶段的等待；因此这种涉及乘客两个阶段等待的客运系统，在调度过程中，充分合理地考虑乘客的行为至关重要；一个站点可能存在一个乘客或者多个乘客，目前的响应需求问题将这两类情况统一处理，而在本研究中考虑乘客的行为后，这两种情况会受到群体等待心理特征的影响而有所不同，因此需要进行分别处理。

· 70 ·

从调度目标和调度难点两方面进行分析。首先，本研究针对的问题中考虑了乘客的等待行为，乘客在车上和车下的等待分别涉及不同的等待行为和心理，不能一概而论，因此优化这两个阶段的等待属于多目标优化问题，不同于传统的单一优化目标的响应需求问题；另外，调度时同样需要考虑车上与车下乘客的等待行为，因此需要针对本研究问题的特点运用相应的调度策略，从而提高调度的有效性，提高乘客对服务的满意度。

以上问题的特点导致本研究在分析、建模和求解过程中存在以下难点问题：①考虑客户等待行为的动态性如何度量；②涉及两阶段等待的多目标函数如何构建和求解；③如何合理设计调度策略去响应动态乘客的请求。

2.2.2　柔性路径公交车实时调度问题归类

在 1.2.2 小节中，针对目前车辆路径问题研究的子问题进行了分类，这里对柔性路径公交车实时调度问题涉及的属性和相应的值进行归类分析，涉及的属性包括请求、车队、路网、运行计划周期、公交车调度策略、目标函数、求解方法、应用类型，具体的属性值见表 2.1。

表 2.1　柔性路径公交车实时调度问题属性及相应的值

属性	属性的值
请求	动态程度很高
	无时间窗

续表

属性	属性的值
车队	单车辆
	无载客量限制
	同一个起始点
路网	对称的
	随机生成的
运行计划周期	一个时间段内
公交车调度策略	预案式调度
	允许绕道
	响应动态请求点的范围
	公交车出发条件
目标函数	最大化乘客满意度
求解方法	数学模型
	进化算法
应用类型	行为视角的动态调度问题

2.3 扰动度量分析

　　动态程度（degree of dynamism）和扰动程度所描述的内容本质一样，都是指由于动态乘客的随机出现和不确定性，给事先生成的公交车运行路径造成扰动，其本质是对目标函数造成了扰动。动态程度越高，表明对目标函数造成的扰动越大，因此，动态程度表示动态客户的出现对调度结果的影响，调度结果是通过优化目标函数而得到的。也就是说，单纯从表面来衡量动态程度不符合动态程度的实质，没有体现动态程度的核心。

　　度量动态程度的方式有很多种，如最简单也是最明了的一种方式是用动态乘客点的个数除以总的乘客点的个数；而后有一些学者对此进行了各种不同角度的扩展，如拉森（Larsen）❶ 考虑了动态客户点出现的时间以及动态客户点的时间窗范围。动态程度的实质是想反映动态请求的出现对车辆路径调度造成的困难程度，以及如何影响最终的调度结果，因此在描述动态程度时应该与目标函数紧密联系。然而目前关于动态程度的度量都没有很准确深入地刻画这一问题，如没有考虑动态点出现的时间、位置等其他影响调度结果的因素。

　　本研究将充分结合目标函数的特点，从另外一个视角刻画扰动程度，这里用扰动程度更直接地反映动态程度。结合本研究问题的特点，在考虑动态乘客请求造成的扰动程度时，不仅要考虑动态乘客请求发生的时间，还要考虑请求发生的具体位置，以及对乘客的感知等待造成的扰动程度，而后者的扰动程度可以通过乘客请求发生的时间和具体位置客观地反映出来。因此，设 r_i^a 表示动态乘客 n 出现的时间点，T 表示车辆从原点出发后再回到原点的时间，d_{iv} 表示动态请求出现时，其位置到车辆的距离，扰动程度 dod 的表示如式 2.1 所示，其中前一部分表示新请求出现的时间引起的扰动，后一部分表示新请求出现的位置引起的扰动。

$$dod = \frac{\sum_{i=1}^n \frac{r_i^a}{T}}{n} + \frac{\sum_{i=1}^n \frac{d_{iv}}{d_{iv} - \max\{d_{iv}\}}}{n} \tag{2.1}$$

　❶　LARSEN A, MADSEN O B. The dynamic vehicle routing problem [D]. Institute of Mathematical Modelling, Technical University of Denmark, 2000.

2.4 公交车实时响应与调度策略分析

实时调度策略研究的目的提高车辆运行的灵活性,同时提高服务质量。已有的研究涉及很多实时调度的策略,主要有三类:等待策略、复位策略、新请求分配策略。其中,前两种策略是针对闲置公交车的调度,即当公交车完成当前任务处于闲置状态(或者需要在已完成的点或者下一个服务点进行等待)时,可以将公交车置于某个可能出现请求点(在已完成的点或者下一个服务点进行等待)的位置;后一种策略是针对正在运行中的车辆调度,即当公交车处于运行状态时,如何分配新的请求。这种策略也是本书要研究的核心问题。另外一种调度策略是在公交车尚未运行之前,设置公交车运行的条件。下面将详细介绍本研究涉及的几种实时调度策略。

2.4.1 允许绕道

允许绕道(De – tour)是指公交车可以改变正在驶向的目的地的方向,即当新请求出现时,如果公交车正在驶向目的地 N,那么在允许绕道的前提下,可以给车辆分配一个新的当前目的地。如果不允许绕道,则当新请求出现时,公交车必须服务完当前正在驶向站点的乘客,才能响应动态请求。允许绕道的优势是可以提高调度柔性,并且能够更有效地响应新的客户请求。允许绕道策略能够提高调度柔性的原理是，当新请求出现的地点离公交车当前位置比较近时，公交车只需稍微偏离原来路径即可服务新的客户，同时对后续客户的影响很小。伊丘亚●的研究表明，在目标函数偏向于考虑服务质量时，允许绕道的作用更加明显。在实际应用中，如果目标函数涉及服务质量，则更适用于允许绕道的策略。允许绕道的具体含义如图2.3所示，在动态乘客点4

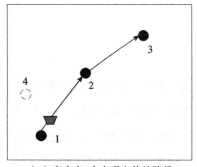

（a）客户点4未出现之前的路径

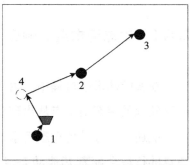

（b）客户点4出现后，允许绕道的路径

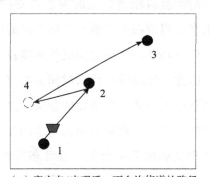

（c）客户点4出现后，不允许绕道的路径

图2.3 允许绕道策略示意

● ICHOUA S, GENDREAU M, POTVIN J Y. Diversion issues in real – time vehicle dispatching ［J］. Transportation science，2000，34（4）：426 –438.

尚未出现前，公交车的运行路径为 1→2→3 且公交车在从站点 1
驶向站点 2 的过程中，如图 2.3a 所示；当动态乘客点 4 出现时，
如果允许绕道，则公交车可以即时驶向站点 4，然后再从站点 4
驶向站点 2，公交车运行路径为 1→4→2→3，如图 2.3b 所示；
如果不允许绕道，则公交车必须服务完站点，才能服务站点 4，
公交车运行路径为 1→2→4→3，如图 2.3c 所示。

2.4.2　动态请求点的响应

在实际的求解过程中，由于动态请求的出现没有规律可循，
距离较远的乘客请求点从出现到被服务的这段时间内，公交车很
有可能还会服务其他动态需求的点，即公交车到达距离较远的客
户点的行程会随着其他动态点的出现而不断发生变化。也就是
说，如果在第一时间就将距离较远的乘客点安排在行驶路径中，
在距离较远的乘客点得到服务之前，之前安排的行驶路径会被重
新优化，所以，没有必要在第一时间就将距离较远的乘客点考虑
到优化范围内。因此，如何确定什么时间去响应哪些范围的动态
请求，对于提高整个响应效率有重要的意义，这种策略可以减少
中间很多不必要的环节，提高响应动态请求的效率。动态请求点
响应策略的具体含义如图 2.4 所示，在动态乘客点尚未出现前，
公交车的运行路径为 1→2→3；当动态乘客出现时，公交车只响
应一定范围的动态请求，如图 2.4b 所示；图 2.4c 表示公交车响
应所有出现的动态请求。

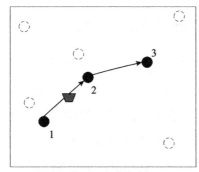

（a）目前已经生成的路径

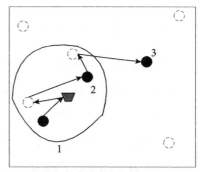

（b）动态请求出现时，
只响应一定范围内的点

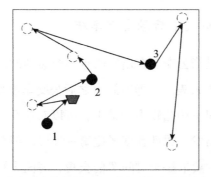

（c）动态请求出现时，响应所有的动态请求

图 2.4　动态请求点的响应策略示意

2.4.3　公交车出发条件的判断

　　上述两个策略是针对车辆处于运行状态时的调度策略和响应策略，而在公交车还未出发时，触发公交车离开起始点的条件也会影响整个调度的结果，下面分别对三种公交车出发的条件进行阐述。

2.4.3.1 第一个动态请求出现时即触发新车辆

顾名思义，当第一个动态乘客请求出现时，公交车即离开起始点，驶向第一个动态乘客请求的站点。这种方式的唯一优势是能够尽量缩短第一个动态站点的乘客在车下的等待时间，缺点是车辆运行的柔性受到限制，特别是在不允许绕道的情况下，公交车一旦离开起始点，行驶方向就已经确定，必须在服务完第一个乘客后才能进行重新调度。

2.4.3.2 时间段 T 后触发新车辆

这种方式是指公交车在出发前有一个缓冲的区间，这个缓冲区间用时间段 T 来表示，即时间 T 之后公交车出发。这种方式的优点是如果时间 T 内出现多个请求，可以对这几个请求进行优化后再让公交车出发，柔性程度要比第一种好，但是这种方式对柔性程度的影响主要取决于时间 T 的长短，时间太短可能导致这一时间段内请求数量过少，起不到提高柔性的作用；时间太长，又无法实时响应乘客请求。

2.4.3.3 第 N 个动态请求出现时触发新车辆

这种方式也是指公交车在出发前有一个缓冲的区间，这个缓冲区间用动态乘客请求出现的个数表示，即设定当第 N 个动态乘客请求出现时，公交车即出发。这种方式相比第二种而言，不可能出现一段时间内动态请求数太少的情况，但缺点是，如果这 N 个请求出现的时间跨度比较大，则会增加所有乘客第一阶段的等待时间。

举例来讲，假如时间 100 内一共出现 5 个动态乘客请求，这 5 个动态乘客请求出现的时间分别为 10，20，50，60，98。那么，运用上述三种公交车出发的策略来分析，第一种情况是当第 1 个请求出现时公交车就出发，即时间 10 时公交车出发去服务第 1 个动态乘客；第二种情况是，如假设时间段 50 后触发新车辆，则时间 50 时有 3 个动态请求出现，公交车出发去服务这 3 个动态乘客；第三种情况是，如假设第 4 个动态请求出现时触发新车辆，第 4 个动态请求出现的时间为 60，因此时间 60 时公交车出发服务前 4 个动态乘客。由于这几种方式各有优缺点，在实际应用中，可以将第二种和第三种公交车出发的条件相结合，设计合适的公交车出发条件，综合利用各种方法的优势提高公交车运行和调度的柔性，从而提高乘客的满意度。比如，设置公交车出发的条件为满足第二个条件或者满足第三个条件时即可出发，或者同时满足第二个条件和第三个条件，可以避免单独使用这两种条件时的弊端，提高响应的速度和效率。

2.5　乘客等待行为的分析

乘客在等待过程中，具体的等待行为受到多种因素的影响，包括受乘客自身因素和外部环境因素的影响，这些因素的分析大部分是从定性的角度出发的。而本研究是从量化的角度分析等待行为，因此，本研究中涉及的等待行为实质上是指客户对等待的感知时间，即本研究从传统的绝对等待时间延伸到客户对等待的感知时间。但是，感知时间不能完全表达等待对客户造成的心理影响，即客户对感知时间还有个心理加工过程，才能反映最终客户对服务的满意度，从而映射服务质量的高低。这个加工过程就涉及客户的非理性因素，本节先分析乘客的等待行为和心理涉及的主要相关理论，包括前景理论、同化对比理论和等待心理学，分析这些理论与乘客等待行为之间的关联性，继而根据分析的结果归纳总结乘客的等待心理和行为特征。

2.5.1　乘客等待行为涉及的主要理论

2.5.1.1　同化对比理论与前景理论

同化对比理论的两个核心概念是感知和期望。感知时间是相对于绝对时间而言的，感知时间加入了乘客的主观认知，由于等待是一种被动形式的时间流逝，而交谈是一种主动形式的时间流逝，因此，这两种活动中人对时间的感知完全不同。前者的等待会无形之中增加等待的感知时间，后者的等待会缩短等待的感知时间，即在这两种情形下，乘客将高估或者低估等待时间。客户满意度会随着感知时间的增加而降低，因此客户满意度直接受感知时间的影响。而客户在评价服务满意度时，参照标准是客户对等待时间的期望值。根据同化对比理论❶，人们过去的各种经历对未来会有影响，未来对事物判断的依据就是过去的经历，称之为个人的"参考等级"，之后的事物会根据"参考等级"进行判断，因此"参考等级"是判断与评价的基础。在等待感知中，消费者在他们的等待信念上有一个可以接受的范围，如果感知到的等待在这个范围内，那么这个等待就会被同化，并接受这个等待，不会产生负面情绪；相反，如果这个感知到的等待没有在预期范围内，这个等待就会被排斥，从而产生负面情绪。这就是基于感知和期望的同化对比理论的核心思想，与等待心理的基本命题之一"客户满意是由对等待行为的感知与对等待行为的期望之间的差异引起的"相吻合。

前景理论是以卡尼曼和特沃斯基为代表的学者提出的，他们认为，个体在做决策时，对决策结果好坏的判断不取决于各种方案可能引发结果的绝对效用值，而是每个个体心中都有一个参照点，以此参照点为基准，实际结果是与参照点进行比较后的损益量，即与参照点偏离的方向与程度。他们在"前景理论"中首次提出了"参照点"的概念，根据卡尼曼和特沃斯基的前景理论，客户的感知与参照点比较后所产生的不同结果会引起客户的不同反应，客户的满意度是通过和参照点的比较而产生的。在参照点理论的基础上，用价值函数对结果进行评价，价

---

❶ ANDERSON R E. Consumer dissatisfaction：The effect of disconfirmed expectancy on perceived product performance ［J］. Journal of marketing research，1973，10（1）：38 – 44.

HOVLAND C I，HARVEY O J，SHERIF M. Assimilation and contrast effects in reactions to communication and attitude change ［J］. The Journal of Abnormal and Social Psychology，1957，55（2）：244.

值函数不同于绝对效用值，它是经验型的，具有三个特征：（1）大多数人在面临"获得"时是风险规避的；（2）大多数人在面临"损失"时是风险偏好的；（3）人们对"损失"比对"获得"更加敏感。因此，前景理论中的参照点理论和"得失"的不同价值函数也与等待心理的基本命题相吻合，和同化对比理论相比，在参照点理论的基础上，对具体结果的价值体现也做了进一步的研究。实际上，参照点概念有多个行为理论的支撑，其中前景理论是行为学与传统运作管理结合的一个重要基础理论，也是近些年来关于行为运筹学和行为运作管理研究的一个重要切入点。

前景理论认为，每个人在做决策时，都会经历两个阶段，第一阶段是确定参照点，第二阶段是在参照点基础上计算总的效用，由价值函数和决策权重衡量。当决策的结果比参照点高时，被视为"获得"；当决策的结果比参照点低时，被视为"损失"。

前景理论中价值函数的具体含义和特点表现如下。

（1）"获得"和"损失"不是绝对的，而是相对于某个参照点而言的；

（2）价值函数的形状呈"S"形曲线，即面对"获得"时是凹函数，表现为风险规避；面对"损失"时是凸函数，表现为风险偏好；

（3）人们对损失的规避程度一般都大于对相同程度的收益的偏好程度，如图2.5所示。

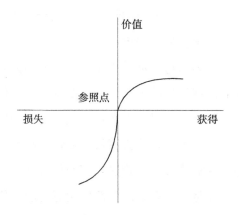

图 2.5　前景理论中"得"与"失"示意

前景理论与乘客等待行为的内在联系为：（1）乘客等待的感知时间会影响对服务的满意度，也就是说，乘客会根据自身等待的感知时间对服务进行评价，但是在评价的过程中会将一个参照点作为评价的基准点，参照点也可以理解为同化对比理论中的期望值。如果乘客的感知等待时间小于期望值，则乘客对服务的感知为"损失"，会降低乘客对服务的满意度；如果乘客的感知等待时间大于期望值，则乘客对服务的感知为"获得"，会提高乘客对服务的满意度。（2）与参照点进行比较后，乘客会有"得"和"失"两种不同的感知，乘客对相同程度的"得"和"失"的感知不同，呈现如图 2.5 所示的"S"形曲线。也就是说，在面临程度相同的"得"和"失"时，乘客对"失"的感知要强于对"得"的感知。

2.5.1.2　等待心理学

运作管理中关于等待的研究，大部分是运用运筹学的思想，优化等待时间，如建立数学模型来确定等待线的长度和等待时间。然后，将从数学模型中得出的结果用到实际运作管理领域会有很大的局限性，因为这些数学模型忽略了人的因素。优化等待时间和设计等待区域等目前关于等待问题的研究仅仅是研究等待的一个分支，实际上还可以有很多视角去研究等待问题，如从乘客的心理和行为因素去深入分析等待，从降低乘客感知等待时间的视角研究相应的对策等。尽管这些问题很难纳入传统的数学模型中，但是这些才是对计算客户等待的满意度起重要作用的关键问题。因此有必要从等待行为的视角去重新审视这一问题。在等待心理学的研究中，有一部分关于等待的定性描述可供本研究借鉴，下面进行具体阐述。

因为等待涉及个体本身、等待事件所处的时间以及环境，属于社会现象和心理现象的范畴，所以从心理和行为的视角研究等待，是对传统研究等待方法的一种补充和延伸。深入理解并刻画等待心理能够有效降低由等待对客户满意度和感知质量造成的负面影响，而在研究等待心理和行为时，最重要的是从心理学和社会学的角度研究感知等待，即从传统的绝对等待转变为感知等待。根据目前对等待心理的相关研究，这里将等待过程中的主要心理进行归纳如下。

1. 事中的等待和事后的等待

在绪论中提到，实证研究的结果已经表明，客户对事中和事后的等待的态度不一样，所表现出的行为也不一样，即事中和事后的等待对客户造成的影响不一样，客户对服务的满意度也会由于等待的阶段不同而有所不同。本小节将从心理和行为的角度深入分析造成事中和事后不同等待心理的根源。

本研究针对的问题由传统的存在一个阶段的等待过程延伸由存在两个阶段的等待过程，乘客会经历上车之前的等待过程（等待公交车的到来）和上车之后（公交车绕行去响应其他乘客时，车上乘客的等待）的等待过程。如何处理两个阶段等待过程中的乘客等待行为是本研究的难点之一。研究表明，乘客处在不同的等待阶段，由等待导致的紧张情感和压力会有所不同，事前和事后的等待要比事中的等待产生更强烈的负面影响。因此，这里将上车之前的等待称为第一阶段的等待过程，即事前的等待；上车之后的等待称为第二阶段的等待过程，即事中的等待。

乘客在上车之前的等待阶段，即第一阶段的等待中，乘客可能会担心被遗忘或者由于赶时间而产生压力感，引起负面情绪。上车之前的等待中存在很多不确定性，乘客会产生焦虑心理，而这种心理会在上车之后逐渐消失或者减弱，所以第一阶段的等待比第二阶段的等待会产生更强烈的负面情绪。因此，压力管理很贴切地解释了为什么事前的等待比事后的等待更容易产生负面情绪。

乘客在上车之后的等待的阶段，即第二阶段的等待，社会不公平性占主导。等待的过程可以看成是一个具有规则和有社会责任的社会系统，社会系统就应该有社会系统所具有的特点，如最基本的先进先出、先到先接受服务等原则。而公交车在第二阶段的绕行过程中会违背传统的社会公平性，导致在车上的乘客产生强烈的不公平心理。这种不公平心理会影响乘客对服务的满意度。

综上分析可以得出，存在两阶段等待过程的柔性路径公交车实时调度问题中，乘客在两阶段的等待过程中会分别产生不同的等待心理，其中第一阶段的等待过程中，压力情绪占主导作用，第二阶段的等待过程中，社会不公平性占主导作用。第一阶段的等待比第二阶段的等待会产生更强烈的负面情绪。

以上是从乘客主观要素方面对等待行为进行理论分析，下面从乘客等待的客观环境角度对等待行为进行分析。

2. 群体等待对比个体等待

等待行为的一些特征是由等待环境引起的。等待环境包括很多方面，比如等待的天气环境、等待场所的布置环境、等待时所有等待者构成的等待氛围等。这里的是乘客等待的客观环境主要是第三种，即群体等待和个体等待之间的差异。在其他条件一致的前提下，群体等待比个体等待的感知等待时间要短，这就是群体等待对感知等待时间的正面效应。一般来讲，群体等待会营造一种氛围，这种氛围能够打消个体等待时的孤独和焦虑心情，从而缩短乘客的感知等待时间，提高乘客对服务的满意度。

综上，考虑乘客等待行为的柔性路径公交车实时调度问题，针对乘客等待行为的调度原理就是将前景理论、同化对比理论与等待心理学相融合，通过构建乘客等待的价值函数来表示乘客的满意度，具体见图2.6。

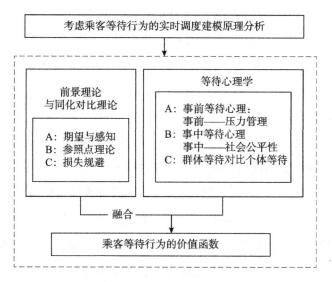

图 2.6　乘客等待行为的价值函数的构成原理

2.5.2　乘客等待行为的特征分析

　　关于乘客等待心理和行为在理论上的研究，其本质是从绝对等待时间到感知等待时间的心理加工过程和转变过程，传统的数学模型度量的是绝对等待时间，而考虑了乘客等待行为后，度量的是乘客的感知等待时间。举例来讲，如果用传统的数学模型来度量等待时间，度量的是绝对等待时间，即客观等待时间，比如一个乘客实际等待了 5 分钟，那么度量的结果就是乘客的等待时间为 5 分钟，与乘客当时等待的心情、等待的环境、引起等待的原因等都没有关系。而感知等待时间是指等待者对等待时间的心理感知，度量的是融入乘客主观行为和心理因素后的感知等待时间，比如考虑乘客等待的外在环境，假如一个乘客的实际等待时间为 15 分钟，在其他内在因素和外在因素相同的前提下，如果等待的过程发生在一个风雨交加的夜晚，则乘客的感知等待时间要大于 15 分钟；相比较而言，如果等待的过程发生在一个风和日丽的白天，则乘客的感知等待时间要小于 15 分钟。乘客具有有限理性特征，假如一个乘客的实际等待时间为 15 分钟，在其他主客观因素相同的前提下，乘客预期等待时间与实际等待时间的差会影响乘客对等待时长的感知；如果乘客的实际等待时间大于预期等待时间，乘客很有可能产生负面情绪；如果乘客的实际等待时间小于预期等待时间，则会产生正面情绪。同一位乘客对等待时间的感知会受其他因素的影响而发生变化，那么等待者在等待的过程中，经历了怎样的心理加工过程？在经历等待之后，等待者对等待时间的感知又是如何体现的？等待者感知时间的长短受哪些内在因素和外在因素的影响？这将是本小节对客户等待行为特征分析阐述的核心。

分析乘客的等待行为和心理时，主要分两个层次：第一个层次，人都不是完全理性的，都有非理性的特征。乘客在等待过程中会表现出哪些非理性行为的特征？第二个层次，乘客在等待过程中会涉及复杂的等待心理，等待心理的演变受很多主客观因素的影响，在乘客等待过程中哪些心理因素起主导作用？这些心理因素又受哪些主客观因素的影响？下面从这两个层次分别阐述乘客在等待过程中的行为和心理特征。

乘客对服务的满意度是由对等待行为的感知与期望之间的差异引起的，将对等待行为的感知与期望之间的差异作为乘客评价服务质量的标准，就是一种典型的非理性行为。如果乘客是完全理性的，那么在面对等待时，会用绝对等待时间来评价服务满意度，比如，乘客对服务的满意度随着绝对等待时间的延长而降低。然而，在现实生活中，乘客是用感知等待时间与期望等待时间之差来评价服务满意度的。虽然绝对等待时间与感知等待时间之间存在相关性，但是仅仅用绝对等待时间表示乘客对服务的满意度脱离现实。也就是说，乘客往往将感知到的等待与期望的等待进行比较，以此作为参照点或者评价标准来对整个过程的服务质量做出判断，绝对等待时间与服务满意度之间是由感知时间进行连接。绝对等待时间先转化为感知等待时间，再用感知等待时间映射乘客对服务的满意度。这种现象与前景理论中的参照点理论相吻合，前景理论参照点的存在性已经通过很多实证研究被证实，2.5.1 节详细阐述了前景理论。因此，客户最终由于等待对服务的满意度评价是由感知等待时间和预期等待时间的差额决定的。

感知等待时间和预期等待时间的差额如何决定乘客对服务的满意度？事实上，乘客的非理性特征表现在很多方面，在绝对等待时间不变的前提下，乘客会和预期等待时间进行比较，比预期等待时间长或者短会对乘客产生不同的影响；同时，乘客还会与其他乘客的等待时间进行比较，在努力追求一种公平性。这些现象的背后就是本研究要进一步探讨的内容。

乘客在等待的过程中会产生各种各样的心理。比如，因为担心被司机遗忘而产生恐惧心理；由于公交车迟迟不来而担心迟到或者错过重要的事件；又比如，由于公交车不断地绕行去响应其他动态乘客请求而产生的不公平心理，等等。乘客在上车之前和上车之后，会有不同的心理表现，下面将从乘客上车之前和上车之后两个阶段分别阐述乘客可能会产生的各种心理。

乘客在上车之前的心理主要体现为两点：一是恐惧心理，二是由于群体等待或者个体等待而产生的不同等待心理。恐惧是乘客在面对等待时不容忽视的一个重要心理。比如当乘客在晚上等车时，乘客会越担心自己的请求可能被司机遗忘，这种恐惧心理会增大客户对等待时间的感知。再比如，当乘客在赶往一个重要的会议时，等待会加强乘客的恐惧心理，担心错过重要会议。群体等待，顾名思义，就是指同时等待的乘客数大于一人，而个体等待是指只有一位乘客等待。群体等待和个体等待所处的环境氛围不同，会产生不同的等待行为。从文化角度来分析，群体等待时，乘客之间可能会互相攀谈来消磨时间，从而降低感知到的等待时间。

乘客上车之后的心理主要体现在公平性。由于是柔性路径的公交服务系统，公交车在运行过程中要实时响应其他乘客的请求，必然会绕行而导致车上的乘客在车上的时间延长，从而引起车上乘客的不公平心理。乘客产生的严重不公平心理，会增大乘客对等待时间的感知。乘客产生的不公平心理与乘客对造成等待的原因是否知情有关系，乘客在对造成等待的原因知情的前提下，会弱化不公平心理。另外，乘客是否愿意等待还与服务价值有关系，服务价值越高，乘客愿意等待的时间也会越长。相反，如果乘客认为服务价值很低，那么，乘客不愿意花很多时间等待，会高估之前的等待时间，即增大对等待的感知时间，从而降低对服务的满意度。

因此，乘客无论在上车前的等待过程中，还是上车后的等待过程中，都会进行多方面的、复杂的心理加工，这些过程既受乘客自身非理性特质的影响，也受乘客等待心理的影响，还受外部等待环境的影响。客户的心理加工过程主要可以归纳为以下方面：（1）客户对等待时间有期望值；（2）客户会将感知时间与期望时间对比后，产生对此项服务的最终评价；（3）人是非理性的，参照点在人的决策过程中起重要作用；（4）客户对事前和事后的等待感知程度不同；（5）乘客对等待感知的态度受文化的影响；（6）社会公平性会影响客户对等待感知的态度；（7）客户在等待过程中会产生焦虑、恐惧等情绪；（8）等待心理和情绪会起作用。

　　因此，在乘客绝对等待时间与乘客满意度之间需要一座桥梁将二者有机地连接起来，等待的感知时间和乘客的心理加工过程就起到了桥梁的作用，乘客等待的绝对时间与乘客满意度之间的关系如图 2.7 所示。

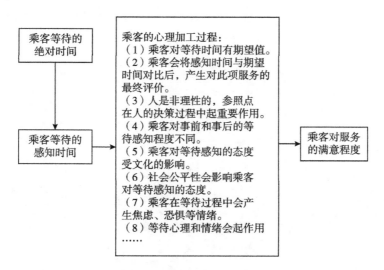

图 2.7　乘客等待的绝对时间与乘客满意度关系

以上是对乘客在等待过程中表现出的主要特征的分析，主要根据 2.5.1 和 2.5.2 节中的理论来映射这些特征，深入分析乘客等待行为的原理。

2.6　本章小结

本章对柔性路径公交车实时调度问题进行了全面深入的分析，首先针对问题特征对其进行归类，并分析了考虑乘客等待行为后的扰动度量，随后针对如何实时响应请求和如何设定调度策略进行分析，接着对乘客等待行为从理论方面进行详细分析，为下一章构建考虑乘客等待行为的柔性路径公交车实时调度模型奠定理论基础。

第3章　考虑乘客等待行为的
柔性路径公交车实时调度模型

　　第 2 章中对柔性路径实时调度问题及乘客等待行为的分析为
本章调度模型的构建奠定了基础，本章首先简化并界定研究的问
题，然后深入分析建模涉及的关键要素，特别分析了乘客等待心
理和行为关键要素，并在此基础上构建考虑乘客等待行为的柔性
路径公交车实时调度模型。

3.1　变量及假定条件

3.1.1　问题简化及假设

　　在实际应用中，柔性路径公交车主要服务于客流量比较小的
区域，或者客流量比较小的特定时间段内。关于柔性路径公交车
的运行区域有很多种，如环状区域、矩形区域、无闭环的区域
（起始点不同）等。由于每种运行区域自身的特点，导致相应的

调度策略不同，研究的问题也不同。因此，本研究选取比较常见的、起始点相同的方形区域作为研究对象，具体问题简化描述与假设如下。

在一个方形区域内存在 N 个乘客站点，如图3.1所示，其中空心圆点表示没有乘客请求的站点，实心圆点表示有乘客请求的站点，所有乘客的目的地都是实心、三角所示的站点位置，即乘客的起点不同，但终点全部相同；由于这类柔性路径的公交车提供服务的背景是低密度客流区域或者低密度客流时段内，因此，假设该区域内只有一辆公交车运行。公交车在运行过程中需满足下面的条件。

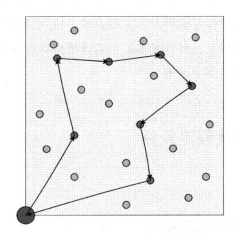

图3.1 问题简化示意

（1）公交车从起始点出发，沿着实时生成的路线响应全部的可以接受的动态乘客请求后，返回起始点。

（2）当动态请求发生时，如果动态请求无法插入到正在运行的公交车线路中，则由其他公交车响应，即本研究只考虑一辆公交车如何去实时响应其已经接受的动态请求（动态请求是否被接受的问题本研究暂不考虑，假设所有的动态请求都在约束条件内可以被接受，因此简化为需要响应所有的动态请求）。

（3）每个站点都可能存在多个乘客，为简化模型，假设一个站点有多个乘客，多个乘客的动态请求同时出现。

（4）公交车的载重数不受限制（实际应用中，客流小的区域内乘客数不会超过公交车载重数）。

（5）此区域内无其他更便利的交通工具（因此，乘客会担心司机将其遗忘而产生强烈恐惧心理）。

（6）公交车属于福利性质，即不考虑公交车运营公司的成本。

（7）每位乘客在发出动态请求时，乘客的等待即时开始，即时间窗为0。

（8）公交车响应其他动态乘客请求时，已经在公交车上的乘客会有社会不公平性的心理。

（9）公交车匀速行驶，且假设乘客上车所需时间为0。

3.1.2　建模涉及的关键要素分析及其变量假定

构建考虑乘客等待行为的柔性路径公交车实时调度模型时，需要先对关键要素进行分析。这里除了要分析传统的路网、动态需求以及公交车状态，对乘客等待行为和心理要素的分析也至关重要。下面将分别从四个方面对建模涉及的关键要素进行详细分析。

3.1.2.1 路网的表示

路网的表示是模型构建的基础，不同的路网表示方式会影响模型最后的求解。在本研究中，首先定义一个无向图 $G = (N, R)$，其中，$N = \{0, 1, 2, \cdots, n, n+1\}$，表示有 n 个站点，点 0 表示起始点，点 $n+1$ 表示终止点，其中起始点和终止点是同一个点。每个站点有 m_i 个乘客，且假设 m_i 个乘客同时出现。弧集 $R = \{(i,j) \mid i \in N/\{n+1\}, j \in N/\{0\}, i \neq j\}$ 表示两点之间可能路径的集合。变量定义为：$x_{ij} = \begin{cases} 1, \text{公交车从点 } i \text{ 行驶向点 } j。\\ 0, \text{其他} \end{cases}$

1. 动态请求的表示

动态请求是本研究涉及的关键变量，动态请求自身属性比较复杂，涉及很多具体的要素值，在本研究中，每个站点的动态请求 r_i 用一个 10 元数组表示，即

$$r_i = (r_i^{\mathrm{a}}, r_i^{\mathrm{ew}}, r_i^{\mathrm{lw}}, r_i^{\mathrm{mw}}, r_i^{\mathrm{get\text{-}on}}, r_i^{\mathrm{on\text{-}ride}}, r_i^{\mathrm{vehicle\text{-}a}}, s_i, r_i^{\mathrm{direct}}, r_i^{\mathrm{p}})$$

式中，r_i^{a}：需求出现的时间；r_i^{ew}：最早服务时间；r_i^{lw}：最晚服务时间；r_i^{mw}：乘客最长能容忍的等待时间；$r_i^{\mathrm{get\text{-}on}}$：乘客上车时间；$r_i^{\mathrm{vehicle\text{-}a}}$：公交车到达乘客点的时间；$r_i^{\mathrm{on\text{-}ride}}$：公交车到达目的地的时间；$s_i$：公交车绕行系数；$r_i^{\mathrm{direct}}$：乘客在没有绕行的前提下到达终点需要的时间；$r_i^{\mathrm{p}}$：乘客点的位置。

另外，$t_i^{w_1}$，$t_i^{w_2}$ 分别表示第一阶段和第二阶段乘客的等待时间，则根据问题特征，以上变量存在下面的关系：

$$r_i^{\mathrm{a}} = r_i^{\mathrm{ew}} \tag{3.1}$$

$$r_i^{\mathrm{lw}} - r_i^{\mathrm{ew}} = r_i^{\mathrm{mw}} \tag{3.2}$$

$$r_i^{\text{get-on}} = \max\left\{r_i^{\text{a}}, r_i^{\text{vehicle-a}}\right\} \qquad (3.3)$$

$$t_i^{w_1} = \max\left\{0, r_i^{\text{get-on}} - r_i^{\text{a}}\right\} \qquad (3.4)$$

$$t_i^{w_2} = r_i^{\text{on-ride}} - r_i^{\text{get-on}} \qquad (3.5)$$

本问题的特征是乘客服务时间窗为 0，所以式（3.1）成立；在最长等待时间的严格约束下，式（3.2）成立；如果在最长等待时间的宽松约束下，即超过最长等待时间，惩罚值会很大，因此，式（3.2）可以根据具体问题进行进一步延伸。式（3.3）表示乘客上车的时间，式（3.4）和式（3.5）分别表示第一阶段的等待时间和第二阶段的等待时间的计算。

绕行系数产生于第二阶段的等待过程中，公交车是否去响应新的动态请求需要满足各种条件，其中一个重要的条件就是绕行系数的限制。绕行系数是指实际接送某站点乘客到达目的地所用时间与该站点乘客直接（如开车）从所在位置到达目的地所用时间之比，用 ϕ 表示，即

$$\phi = \frac{r_i^{\text{on-ride}} - r_i^{\text{get-on}}}{r_i^{\text{direct}}} \qquad (3.6)$$

绕行系数在具体的模型构建过程中，可以作为优化目标，也可以作为约束条件，其表达的含义不同；另外，绕行系数也可以作为是否要去响应新动态请求的判断条件。本研究中在评价帕累托最优解时，绕行系数的值可以作为下一级的评价标准。

2. 公交车状态的表示

当动态请求出现时，公交车的状态可以用三元数组表示，即 $v_k = \left\{v_k^{\text{l}}, v_k^{\text{r}}, v_k^{\text{t}}\right\}$，其中每个元素的含义如下。$v_k^{\text{l}}$：新请求出现时

车辆的位置；v_k^r：新请求出现时车辆正在驶向的站点；v_k^t：新请求出现时车辆可以被重新调度的时间，根据是否采用绕道策略，有两种情况，一种情况是到达下一个站点所用的时间，另外一种情况值为0。

当动态请求出现时，公交车存在两种行驶状况。

第一种：公交车正在驶向某一个指定的站点，在不允许采用绕道策略的前提下，$r_i^a + v_k^t$ 表示车辆到达 v_k^r 的时间；在允许采用绕道策略的前提下，$v_k^t = 0$。

第二种：公交车正在某一个站点服务，则 $v_k^t = v_k^r$，假设服务时间为0，则 $v_k^t = 0$。

绕道策略下公交车状态变化示意如图3.2所示，其中▄图形表示公交车，实心圈表示公交车目前的计划路径，空心圈表示公交车在行驶过程中出现的动态请求点。如图（a）所示，当新请求点4出现时，车辆的位置在图中▄处，站点2是公交车正在驶向的站点。允许绕道的情况下，新请求出现时公交车即可改变原来的行驶方向，直接驶向站点4，即公交车可以被重新调度的时间为0。不允许绕道的情况下，公交车需要保持原来的行驶方向，到达正在驶向的站点2之后，才可以改变原来的路径，即公交车可以被重新调度的时间为公交车到达站点2的时间。

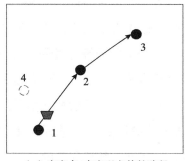

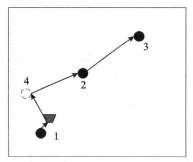

（a）客户点4未出现之前的路径　　　（b）客户点4出现后，允许绕道的路径

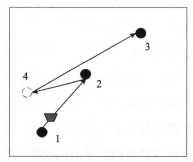

（c）客户点4出现后，不允许绕道的路径

图 3.2　绕道策略下公交车状态变化示意

3.1.2.2　对乘客等待心理和行为关键要素的分析与定性表示

第 2 章中已经对乘客的等待行为和心理进行了分析，本小节主要借鉴前景理论、同化对比理论和等待心理学的相关理论，对乘客等待心理和行为的关键要素进行分析与定性表示。

1. 参照点

乘客等待行为产生的直接影响是乘客对服务的不满意，而乘客产生不满意的机理并非取决于乘客等待的绝对时间，乘客的不满意度是相对于某个参照点 r 而言的，这正是前景理论中参照点的具体含义。在本研究中，乘客经历两个阶段的等待过程，每个阶段都会涉及等待心理和行为，都会造成乘客对服务不同程度的不满意，但是由于这两个阶段的等待心理不同，两阶段的参照点也不同，第一阶段等待产生不满意感的参照点用 r_1 表示，第二阶段等待产生不满意感的参照点用 r_2 表示。参照点值的选取因人而异，并且受其他多种因素影响，根据同化对比理论的分析，乘客过去的经历形成了个人的参考等级，乘客会在之后的判断中对照之前形成的参考等级；根据前景理论的分析，参照点值可以是初始值，也可以是对未来的预期值。乘客在等待公交车这一背景下评判对服务的满意度要依赖于某一个参照点，因此，参照点的选取在评判满意度时起着至关重要的作用。下面分析在两个阶段的等待中，影响不满意度的参照点的选取问题。

为了能够深入理解参照点理论的内涵，有一点需要特别说明：由等待造成的乘客对服务的满意度不完全是负向的。传统观念可能会认为，乘客的等待行为必然会导致乘客对服务产生不满意情绪或者降低对服务的满意度。但实际上，乘客的等待行为也会让乘客对服务感到满意或者提高满意度，这种观点可以用参照点理论来解释。乘客由于等待导致的对服务满意度的评价不完全是负向的，这要受其选取的参照点的影响。因为等待是现实生活中不可避免的一种现象，因此乘客事先对等待时间会有一个预期值，如果乘客感知到的等待时间小于其预期的等待时间（参照点），则乘客对服务会感到满意，即前景理论中所讲的"得"的部分，从而产生正面情绪；如果乘客感知到的等待时间大于其预期的等待时间（参照点），即前景理论中所讲的"失"的部分，乘客就会产生负面情绪，降低对服务的满意度。

在第一阶段的等待过程中，乘客可能的参照点包括三类。第一类是和乘客自身的等待经历相关的，如在乘客的历史等待过程中最长或最短的等待时间，或者平均等待时间等；第二类是和其他乘客的等待经历相关的，乘客以其他乘客的等待时间作为参照点，如在其他乘客的历史等待过程中最长或最短的等待时间，或者平均等待时间等；第三类是和固定路线的公交车模型下的等待时间进行比较，以此作为参照点。具体参照点的选取与乘客个体有关系，不同乘客在评价服务质量时会有不同的参照点，为了方便计算，本研究选取所有乘客的平均等待时间作为第一阶段等待过程的参照点。

在第二阶段的等待过程中，乘客可能出现的参照点也分为四类。第一类如第一阶段等待过程中的第一类参照点所述，是和乘客自身的等待经历相关；第二类是和已经上车的乘客的等待经历相关，已经上车的乘客是指在该乘客之前上车的乘客，如最早上车的乘客的等待时间，最晚上车的乘客的等待时间等；第三是和尚未上车的乘客的等待经历相关，尚未上车的乘客是指在该乘客之后上车的乘客，如尚未上车的乘客的平均等待时间；第四类是将固定路线的公交车模型下的绕行时间作为参照点。由于前三类的参照点的选取都涉及乘客的主观性，而且与历史等待经历相关，数据的获取和计算比较困难，而第四类参照点是可以客观计算的时间，因此，本研究选取第四类参照点作为第二阶段等待过程中的参照点。

2. 价值函数

价值函数就是以参照点为界，将图 2.6 分为"得"和"失"两个区域。而在本研究中，价值函数就是指乘客因为等待而产生或者导致的价值，在参照点理论的相关阐述中已经说明，由等待造成的乘客对服务的满意度不完全是负向的，与参照点进行比较后，乘客对服务的满意度可能提高，也可能降低；也可以表述为乘客的满意度可以是正的，也可以是负的，这里的正值就是价值函数中"得"的区域，负值就是价值函数中"失"的区域。在本研究中，价值函数实质是指乘客由于等待而对服务的最终评价，即对服务的满意度。再进一步分析，本研究中先将乘客的绝对等待时间转化为乘客的感知等待时间，然后将感知等待时间通过价值函数转化为乘客对服务的满意度，也就是用价值函数度量乘客对服务的最终满意感。

因此，价值函数值的大小就是乘客对服务的满意度值的大小。乘客在等待过程中对服务产生的满意度可以用价值函数值来表示。价值函数值越大，表示乘客对服务产生的满意度越大，即不满意度越小。

价值函数的表达形式运用最广泛的是卡尼曼等[27]提出的式（3.7）：

$$v(\Delta r) = \begin{cases} \Delta r^{\alpha}, & \Delta r \geq 0 \\ -\lambda(-\Delta r)^{\beta}, & \Delta r < 0 \end{cases} \qquad (3.7)$$

式中：α 表示风险偏好系数；β 表示风险规避系数；λ 表示对损失和收益的敏感系数。卡尼曼等认为 α，β 的值介于 0 ~ 1 之间，且参数的值越大，决策者对价值的敏感性越弱；$\lambda > 1$ 表示对损失比获得更加厌恶。

结合图 2.6 和式（3.7），能够深入理解价值函数的内涵。从式（3.7）可以看出，价值函数的值有正负两种，正值表示"得"的部分，负值表示"失"的部分，正负两部分的和表示总的价值函数值，也即表示乘客对服务的最终满意度的值，当然，最终满意度的值可能是正数，也可能是负数，取决于"得""失"两部分具体值的大小。这里需要强调一点，最终满意度值的大小仅仅是一种数值表示，而不代表满意或者不满意。比如通过价值函数计算后，得到一组满意度的值为 – 100、0 和 100，这 3 个值的含义仅仅指满意度最高的值为 100，满意度最低的值为 – 100，0 介于二者之间；而不是指 100 代表满意，– 100 代表不满意。

3. 恐惧心理

恐惧心理是乘客在等待时普遍存在的一种心理，比如乘客担心自己的请求被司机遗忘。在本研究中，乘客的恐惧心理主要产生于第一阶段的等待，即在车下等待时乘客的恐惧心理表现更明显。结合前景理论中的"损失比获得更加厌恶"，当乘客在车下等待时间超出其参考点的值，则会产生"损失"，这时乘客开始表现出恐惧心理；恐惧心理的程度能够映射出"损失比获得更加厌恶"的程度，因此可以用前景理论中的 λ 值表示乘客恐惧心理的程度，在此用 λ_k 表示。

4. 社会不公平性

乘客在第二阶段的等待过程中，司机会绕行去响应其他动态乘客的请求，这个过程会导致乘客产生社会不公平的心理。因此，社会不公平性是乘客在第二阶段的等待中起主导作用的一种心理。结合前景理论中的"损失比获得更加厌恶"，当乘客在车上等待时间超出其参考点的值，则会产生"损失"，这时乘客开始表现出社会不公平性的心理；社会不公平性的程度能够映射出"损失比获得更加厌恶"的程度，因此可以用前景理论中的 λ 值表示第二阶段等待中乘客的社会不公平性心理的强弱，在此用 λ_s 表示。

这两个参数的内涵如图 3.3 所示，其中 $\lambda_{s1}(\lambda_{k1}) < \lambda_{s2}(\lambda_{k2}) < \lambda_{s3}(\lambda_{k3})$，表明随着 λ_s 或 λ_k 值的变大，乘客的恐惧心理或者社会不公平性心理会在等待过程中逐渐放大。

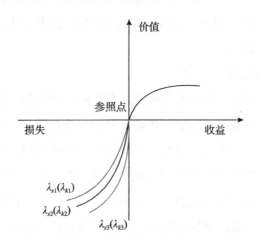

图 3.3　前景理论中社会不公平性的体现示意

5. 群体等待对比个体等待

群体等待的感知时间要比个体等待的感知时间短，因此在本研究第一阶段的等待过程中，如果某站点的乘客数大于 1，则属于群体等待，对等待时间的感知会变短。根据上述 4 个方面对乘客心理和行为的关键要素分析，群体等待会对参照点和恐惧心理产生影响。

群体等待对第一阶段等待过程中参照点的值的影响：当群体等待发生时，乘客对等待时间的感知会变短，也即产生"损失"和"获得"的临界点会上移，即参照点的值会增大，相应的价值函数的 S 曲线会水平上移，如图 3.4 所示，设群体等待对参照点的影响为 Δg，则第一阶段新的参照点为 $r_1 + \Delta g$。

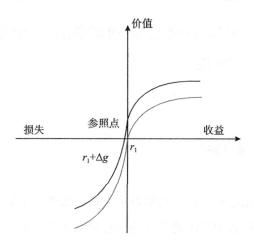

图 3.4　前景理论中恐惧心理的体现示意

群体等待对第一阶段等待过程中乘客恐惧心理的影响：恐惧心理产生后，乘客对等待时间的感知会变长，如果群体等待会缩短感知时间，也即会削弱恐惧心理产生的负面影响。因此，设群体等待对恐惧心理的调节系数为 ω，则 $\dfrac{1}{\lambda_k} < \omega \leqslant 1$。

由于群体等待而产生的变量 Δg 和 ω、m_i 的值相关，即存在如下关系：当 $m_i = 1$ 时，$\Delta g = 0$，$\omega = 1$；当 $m_i > 1$ 时，随着 m_i 值的增大，Δg 的值增大，ω 的值减小。

以上 5 部分是本研究涉及的对乘客等待心理和行为的关键要素的详细分析和阐述；在实际应用中，乘客等待心理和行为还涉及其他方面，如社会文化对等待心理的影响，但本研究只考虑单一文化下乘客的等待行为，因此，模型构建中暂不考虑社会文化对等待心理的影响。

3.2　考虑乘客等待行为的柔性路径公交车实时调度多目标模型

3.2.1　建模思路

传统的用绝对等待时间来表示乘客对服务的不满意度忽略了乘客在等待过程中产生的各种等待心理和表现出的行为特征，由于乘客具有有限理性行为，在这种情况下得到的最优解往往并不是解决问题的可行解，有可能因为忽略某些乘客较强的负面的等待心理，导致乘客对服务的不满意度大幅度提升。

本章考虑乘客的等待心理和行为，在乘客绝对等待时间的基础上，融入乘客在等待过程中涉及的主要心理和行为特征，包括恐惧心理、社会不公平性心理、群体等待与个体等待的不同心理表现、产生满意度的参照点以及等待产生的价值函数。

将恐惧心理和群体等待与个体等待的不同心理表现嵌入第一阶段的等待过程中，将社会不公平性心理嵌入第二阶段的等待过程中，将产生满意度的参照点以及等待产生的价值函数运用到每个阶段的等待过程中，形成考虑乘客等待行为的多目标的公交车实时调度模型。

　　考虑乘客等待行为的柔性路径公交车实时调度模型的构建思路如图3.5所示，具体含义如下：由于受到乘客等待行为和等待心理的影响，乘客的绝对等待时间不能直接反映乘客对服务的满意度。乘客等待行为和等待心理主要体现在五个方面：恐惧心理、社会不公平性、群体等待对比个体等待、参照点、"得失"的价值函数。其中，群体等待对比个体等待和恐惧心理在乘客等待的第一阶段起主导作用，社会不公平性在乘客等待的第二阶段起主导作用，在这两个阶段中，都会涉及乘客评价服务时的参照点选取以及度量"得失"的价值函数。恐惧心理、社会不公平性、群体等待对比个体等待，这三个因素是将乘客的绝对等待时间转为了感知等待时间的三个重要要素，即通过引入这三种等待心理，能够将乘客的绝对等待时间合理转化为乘客的感知等待时间。乘客的感知等待时间和乘客对服务的满意度之间是通过前景理论中的参照点理论与"得失"的价值函数联系在一起。

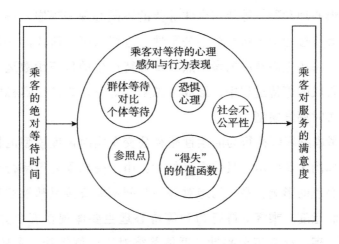

图 3.5 建模思路

3.2.2 目标函数与约束条件

本研究中模型的优化目标是存在等待行为时最大化乘客对服务的满意度。首先计算乘客的绝对等待时间，再结合乘客的等待行为将绝对等待时间转化为感知等待时间，然后用价值函数计算感知等待时间的价值，得出的价值函数值即为乘客对服务的满意度的值。结合问题背景，乘客对服务的满意度包括两部分：第一阶段的等待过程产生的满意度与第二阶段的等待过程产生的满意度。根据 2.5 节和 3.1 节中关于乘车等待行为的分析，"事前"比"事中"的等待更易产生负面的等待心理，而且乘客在两个阶段的等待中，起主导作用的等待心理不同，第一阶段中起主导作用的是群体等待对比个人等待和恐惧心理，第二阶段中起主导作用的是乘客感受到的社会不公平性。因此，这两个阶段各自的优化目标不能同一化处理，属于多目标优化问题。

如果不考虑乘客的等待行为，可以直接用两个阶段的绝对等待时间表示乘客对服务的满意度，乘客的绝对等待时间越长，则乘客对服务的满意度越低，优化目标是最小化乘客的绝对等待时间，即最大化乘客对服务的满意度。

设

$$X = \left[t_i^{w_1}, t_i^{w_2} \right], \quad i \in \{0,1,2,\cdots,n\}$$

目标函数为

$$\begin{cases} \min F(X) \\ F(X) = \left[f_1(x), f_2(x) \right] \end{cases} \tag{3.8}$$

根据上述分析，$f_1(x)$ 和 $f_2(x)$ 的表示形式有两种：一种代表乘客对服务的满意度与乘客的绝对等待时间成正比；另一种代表乘客对服务的满意度与乘客的绝对等待时间的平方成正比[179,180]，具体表示形式如下：

$$\begin{cases} f_1(x) = \sum_{i=1}^{n} x_i \\ f_2(x) = \sum_{i=1}^{n} x_i \end{cases} \tag{3.9}$$

或

$$\begin{cases} f_1(x) = \sum_{i=1}^{n} (x_i)^2 \\ f_2(x) = \sum_{i=1}^{n} (x_i)^2 \end{cases} \tag{3.10}$$

约束条件如下：

$$\sum_{i=0}^{n} x_{ij} = 1 , \quad j \in [1, n+1] \tag{3.11}$$

$$\sum_{j=1}^{n+1} x_{ij} = 1 , \quad i \in [0, n] \tag{3.12}$$

$$\sum_{j=1}^{n+1} x_{0j} = 1 \tag{3.13}$$

$$\sum_{i=1}^{n} x_{i(n+1)} = 1 \tag{3.14}$$

结合 3.1 节中对各变量的说明，构成了基本的模型。在上述模型中，式（3.8）和式（3.9）或者式（3.8）和式（3.10）构成目标函数，表示最小化乘客的绝对等待时间之和或者最小化乘客绝对等待时间的平方和，即最大化乘客对服务的满意度；式（3.8）表示总的目标函数，其中可以包括多个子目标函数；具体的 2 个子目标函数用式（3.9）或者式（3.10）表示；式（3.11）和式（3.12）是对公交车变量的约束，式（3.11）表示到达一个站点的公交车只能来自一个其他的站点，式（3.12）表示公交车从一个站点出发后只能驶向另外一个站点；式（3.13）表示公交车从起始点出发，式（3.14）表示公交车最终回到起始点。

在此基础上，根据 3.1 节中建模涉及的关系要素分析及其变量假定，结合乘客的等待行为，将绝对等待时间转化为感知等待时间，再计算乘客对感知等待时间的价值函数值，价值函数值即表示乘客对服务的满意度。乘客对感知等待时间的价值函数值越大，则乘客对服务的满意度越高；乘客对感知等待时间的价值函数值越小，则乘客对服务的满意度越低。优化目标是最大化乘客感知等待时间的价值函数值，即最大化乘客对服务的满意度，因此，构建考虑乘客等待行为的柔性路径公交车实时调度模型，具体目标函数如下。

设：

$$X = [t_i^{w_1}, t_i^{w_2}], \quad i \in \{0,1,2,\cdots,n\} \tag{3.15}$$

目标函数为

$$\begin{cases} \min F(X) \\ F(X) = [f_1(x), f_2(x)] \end{cases} \tag{3.16}$$

根据上述的分析，将 $X = [t_i^{w_1}, t_i^{w_2}], i \in \{0,1,2,\cdots,n\}$ 代入后，$f_1(x)$ 和 $f_2(x)$ 的表示方式同上述提到的不考虑乘客等待行为的模型，有两种：

$$f_1(t_i^{w_1}) = \sum_i^n m_i \{ \max(0, r_1 - t_i^{w_1} - \Delta g)^\alpha - \omega \lambda_k \max(0, t_i^{w_1} + \Delta g - r_1)^\beta \} \tag{3.17}$$

$$f_2(t_i^{w_2}) = \sum_i^n m_i \{ \max(0, r_2 - t_i^{w_2})^\alpha - \lambda_s \max(0, t_i^{w_2} - r_2)^\beta \} \tag{3.18}$$

或

$$f_1(t_i^{w_1}) = \sum_i^n m_i \{ (\max(0, r_1 - t_i^{w_1} - \Delta g)^\alpha)^2 - (\omega \lambda_k \max(0, t_i^{w_1} + \Delta g - r_1)^\beta)^2 \} \tag{3.19}$$

$$f_2(t_i^{w_2}) = \sum_i^n m_i \{ (\max(0, r_2 - t_i^{w_2})^\alpha)^2 - (\lambda_s \max(0, t_i^{w_2} - r_2)^\beta)^2 \} \tag{3.20}$$

约束条件如下：

$$\sum_{i=0}^n x_{ij} = 1, \quad j \in [1, n+1] \tag{3.21}$$

$$\sum_{j=1}^{n+1} x_{ij} = 1, \quad i \in [0, n] \tag{3.22}$$

$$\sum_{j=1}^{n+1} x_{0j} = 1 \tag{3.23}$$

$$\sum_{i=1}^{n} x_{i(n+1)} = 1 \tag{3.24}$$

$$\lambda_k > 1 \tag{3.25}$$

$$\lambda_s > 1 \tag{3.26}$$

$$0 < \alpha, \beta < 1 \tag{3.27}$$

$$\Delta g \geqslant 0 \tag{3.28}$$

$$\frac{1}{\lambda_k} < \omega \leqslant 1 \tag{3.29}$$

$$m_i \geqslant 1 \tag{3.30}$$

上述模型中，式（3.16）至式（3.18）或者式（3.16）、式（3.19）、式（3.20）构成目标函数，表示在等待行为存在的前提下，最大化乘客对服务的满意度，其中式（3.17）和式（3.18）用乘客的感知等待时间产生的价值函数值表示乘客对服务的满意度，式（3.19）和式（3.20）用乘客的感知等待时间产生的价值函数值的平方表示乘客对服务的满意度；式（3.16）表示总的目标函数，其中可以包括多个子目标函数；具体的 2 个子目标函数用式（3.17）和式（3.18）或者式（3.19）和式（3.20）表示；式（3.21）和式（3.22）是对公交车变量的约束，式（3.21）表示到达一个站点的公交车只能来自一个其他的站点，式（3.22）表示公交车从一个站点出发后只能驶向另外一个站点；式（3.23）表示公交车从起始点出发，式（3.24）表示公交车最终回到起始点。式（3.25）和式（3.26）是对恐惧心理参数和不公平心理参数的变量约束；式（3.27）和式（3.28）是对价值函数中变量的约束；式（3.29）表示群体等待对恐惧心理的调节变量参数约束；式（3.30）表示同一站点的乘客数量。

综上，本小节首先深入分析建模思路，然后在其基础上构建了两类模型，一类是尚未考虑乘客等待行为的模型，另一类是考虑了乘客的等待行为的模型。每一类模型的目标函数都有两种形式，一种是绝对（感知）等待时间与乘客满意度成线性函数关系，另外一种是绝对（感知）等待时间与乘客满意度成二次函数关系。这两种函数关系是市场营销研究领域存在的两种主流方式，而且已经被证明二次函数关系比线性函数关系在反映等待时间与客户满意度关系时更加显著，[179,180] 因此在数值实验部分，本书只针对线性关系函数做具体分析，因为如果线性关系函数的结果明显，那么二次关系函数的结果就会更明显。

3.3 本章小结

本章通过问题简化，对研究问题进行界定；并分析了建模过程涉及的关键要素，主要是对乘客等待行为的要素分析；基于3.2.1中提到的建模思路，建立了考虑乘客等待行为的柔性路径公交车实时调度多目标模型，并对模型的目标函数和约束条件进行了详细分析和具体说明。

第4章 考虑乘客等待行为的实时调度模型的求解方法

在第 3 章模型构建的基础上，为了能够实时地响应动态乘客的请求，本章对基于行为的柔性路径公交车实时调度模型的求解方法进行研究。首先是对模型的复杂性进行分析，并在此基础上提出模型的求解思路。依据求解思路设计具体的算法流程和求解步骤，能够求解考虑乘客等待行为的柔性路径公交车实时调度模型。

4.1 模型的复杂性分析及其求解思路

根据第 3 章内容，基于行为的柔性路径公交车实时调度模型是一个涉及多个行为变量的、多目标的、NP 难问题，因此下文首先对其复杂性进行分析，然后提出求解思路。

4.1.1 模型的复杂性分析

基于行为的柔性路径公交车实时调度模型是多目标模型。

根据 3.2 中对模型构建思路的分析可以看出，不考虑行为的柔性路径公交车实时调度模型，即使存在两个阶段的等待，优化目标中也可以将两个阶段的绝对等待时间相加。然而，考虑乘客的等待行为后，由于两个阶段的等待行为不完全相同，考虑了主观因素之后，就无法用一个客户的指标来衡量，因此本研究将基于行为的柔性路径公交车实时调度模型构建成多目标的优化模型。

多目标优化问题最早是由富兰克林于 1972 年提出的，但国际上一般认为是意大利的经济学家帕累托在 1896 年提出了多目标优化问题，到 20 世纪 70 年代以后，多目标优化问题才得到学者们的关注，并取得了真正的发展。

多目标的特点是，各个目标之间是相互冲突相互矛盾的，即某个目标值的改善可能导致另外一个或者几个目标值的降低。由于单目标优化问题的理论与方法研究比较早，相对比较成熟，所以，传统的多目标优化方法是把复杂的多目标优化问题转化为单目标优化问题，常用的方法主要有以下几种。字典序列优化决策方法：在字典序列优化决策方法中，需要根据决策者的经验，将各个目标按照重要程度排序，之后按照排序的结果，从最重要的目标开始逐一向下递推优化；约束法或者松弛法：该方法是将多个目标中决策者认为最重要的或者决策者最偏好的目标作为最终的优化目标，将其他目标转化成问题的约束条件，这样就将多目标优化问题转化成了单目标优化问题；线性加权法：该方法是指决策者根据自己的经验，对目标函数中的每个子目标设定不同的权重因子，然后通过对多个目标函数进行线性加权后，转化为单目标优化问题；帕累托优化法：该方法考虑的不是单一的目标，而是同时考虑所有的优化目标，通过运用各种进化算法，尽可能多地寻找问题的帕累托最优解。因为多目标优化决策问题一般不存在唯一的全局最优解，而是存在多个最优解的集合，而这些最优解集中的元素就全体目标而言是不可以进行比较的，就称为帕累托最优解集。

上述方法可以归为两大类，一类是将多目标问题转化为单目标问题求解。首先，字典序列方法通过将多个目标进行排序，转化为逐一求解单目标问题，虽然能够得到问题的解，但是由于多个目标间存在冲突和矛盾，单一目标的最优不能保证其他目标也是最优的，即其他目标的值有可能很差，因此无法兼顾所有的目标；另外，在实际应用过程中，决策者很难将多个目标按照某一标准精确排序。约束法简单易行，难点是松弛哪个约束条件才能得到较好的解，需要事先的知识和经验。线性加权法能够通过给每个目标赋予权重后进行求解，难点在于如何确定每个目标的权重因子。另一类方法是给出一组帕累托最优解，得到问题的有效解集。帕累托最优解给出的解不是一个特定的最优解，而是一组有效解集，因为多个目标之间存在矛盾和冲突，一个目标值的变化会引起其他目标值的变化。

第一类方法的求解过程需要人来判断，而第二类方法不由人来判断，根据多目标问题优化解的自身特征来搜索多目标问题有效解集的范围。

综上，由于本研究模型涉及乘客的等待心理和行为，这些心理和行为特征的属性值会影响调度的结果，而调度过程也必须充分考虑到这些特征的属性值。为了能使二者形成很好的互补，即在后续过程中决策者可以根据心理和行为特征属性再做进一步选择，本研究采用帕累托最优的方式处理此多目标问题。

基于行为的柔性路径公交车实时调度问题是 NP 难问题。考虑乘客等待行为的柔性路径公交车实时调度模型是一个多目标的动态优化问题，随着动态乘客点数量的不断增加，问题的解空间也急速上升，属于典型的 NP 难问题。在计算机学科中，存在多项式时间算法的一类问题，称之为 P 类问题；而像梵塔问题、推销员旅行问题等至今没有找到多项式时间算法解的一类问题，称之为 NP 类问题。❶

该问题属于多目标优化问题，在这种情况下，多目标进化算法成为研究并解决此类问题的一种很有效的途径，如二代的强度帕累托进化算法、粒子群进化算法、非支配排序遗传算法等。每种算法都有其优势和局限性，因此，有必要根据问题的特征采用一种性能更匹配的进化算法。

考虑乘客等待行为的柔性路径公交车实时调度问题是动态优化问题。动态优化问题需要实时响应乘客请求，比静态优化问题在响应时间上有更高的要求，主要体现在对动态请求的处理策略方面，一般有两种处理方法：一种是设计相应的插入策略，将动态请求按照一定的规则插入到目前的状态中；另外一种是将动态

---

❶ TAILLARD É, BADEAU P, GENDREAU M, et al. A tabu search heuristic for the vehicle routing problem with soft time windows [J]. Transportation Science, 1997, 31 (2): 170 – 186.

问题合理地转化为静态问题。处理动态优化问题的另外一种决策方法是序贯决策，序贯决策是用于随机性或不确定性动态系统最优化的决策方法。❶ 本研究问题的难点体现在该问题既是动态优化问题，也是多目标优化问题，需要在现有的研究多目标优化问题的方法和求解动态优化问题方法的基础上，提出一种高效的求解多目标动态优化问题的新方法。

4.1.2　求解思路

进化算法作为一类启发式搜索算法，已被成功应用于多目标优化领域，发展成为一个相对较热的研究方向——进化多目标优化（evolutionary multi - objective optimization，EMO）。第一代进化多目标优化算法的核心是用非支配排序和小生境技术来解决多目标优化问题。非支配排序的过程是将组合种群分成多层的非支配前沿，为生成下一代种群以及完成选择交叉变异等操作提供重要的个体等级信息。小生境技术能够保持种群的多样性，防止早熟。第二代进化多目标优化算法的诞生以精英保留策略的引入为标志，精英保留策略是指采用一个外部种群来保留非支配个体，一些经典的进化多目标优化算法，都是采用精英保留策略，如第

❶　FERGUSON T S. Who solved the secretary problem?　［J］. Statistical science，1989，4（3）：282 –289.

二代非支配排序遗传算法❶，SPEA2 强度帕累托进化算法❷，
PESA2选择算法❸等。SPEA2 计算复杂度为种群规模的立方，但
是基于近邻规则的环境选择得出的解的均匀性比较好。PESA2 选
择算法提出了基于区域选择的概念，在一定程度上提高了算法的
效率。

　　第二代非支配排序遗传算法是 2002 年德布等人对非支配排
序遗传算法的改进，它是迄今为止最优秀的进化多目标优化算法
之一。相对于非支配排序遗传算法而言，第二代非支配排序遗传
算法具有以下优点：①新的基于分级的快速非支配解排序方法将
计算复杂度由 $O(mN^3)$ 降到 $O(mN^2)$，其中，m 表示目标函数的
数目、N 表示种群中个体的数目。②为了标定快速非支配排序后同
级中不同元素的适应度值，同时使当前帕累托前沿面中的个体能
够扩展到整个帕累托前沿面，并尽可能地均匀遍布，该算法提出
了拥挤距离的概念，采用拥挤距离比较算子代替非支配排序遗传
中的适值度共享方法，拥挤距离的时间复杂度为 $O(m(2N)\log(2N))$。③引入了精英保留机制，经选择后参加繁殖的个体所产
生的后代与其父代个体共同竞争产生下一代种群，因此有利于保
持优良的个体，提高种群的整体进化水平。第二代非支配排序遗

　　❶　DEB K, PRATAP A, AGARWAL S, et al. A fast and elitist multiobjective genetic
algorithm：NSGA-Ⅱ［J］. IEEE transactions on evolutionary computation，2002，6（2）：
182 – 197.

　　❷　ZITZLER E, LAUMANNS M, THIELE L. SPEA2：Improving the strength Pareto
evolutionary algorithm［J］. TIK-report, 2001, 103.

　　❸　CORNE D W, JERRAM N R, KNOWLES J D, et al. PESA-II：Region – based
selection in evolutionary multiobjective optimization ［C］//Proceedings of the 3rd annual
conference on genetic and evolutionary computation. 2001：283 – 290.

传算法是目前最流行的多目标进化算法之一，它降低了非支配排序遗传算法的复杂性，具有运行速度快，解集的收敛性好的优点，成为其他多目标优化算法性能的基准。经典多目标进化算法框架如图4.1所示。

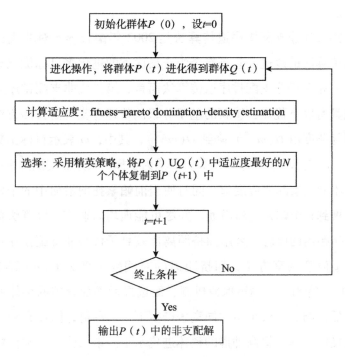

图4.1 经典多目标进化算法框架

序贯决策是用于求解随机性问题或者不确定性动态问题的决策方法，序贯决策的特点主要有三点：（1）序贯决策研究的系统都具有动态性，即系统所处的状态与时间有关，可周期（或连续）地观察整个系统；（2）决策需要序贯进行，即每个时刻根据所观察到的状态和以前状态的记录，从一组可行方案中选用一个最优方案（即作最优决策），使取决于状态的某个目标函数取最优值（极大或极小值）；（3）系统下一步（或未来）可能出现的状态是随机的或不确定的。这也是本研究问题中的动态特征。序贯决策的具体过程如下：从初始状态开始，每个时刻都需要做出最优决策，接着观察下一步实际出现的状态，收集下一步的新信息，然后再做出新一轮的最优决策，反复进行，直到决策出结果，序贯决策是求解多阶段动态决策问题的方法。

通过以上分析形成了本研究的求解思路：通过将问题按照时间或者动态乘客点数分成多个阶段，转化为多阶段的决策问题，将序贯决策与第二代非支配排序遗传算法相融合后对问题整体进行决策。主要难点体现在：每个阶段的决策问题都是多目标问题，如何选取中间阶段的决策结果来作为下一阶段的初始解。最终得到的结果依然是帕累托最优解；决策者可以根据乘客不同的等待心理和行为进行具体决策。因此，本模型的求解思路如图4.2所示。

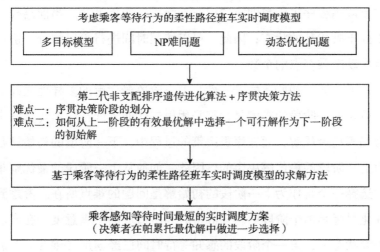

图4.2 求解思路

4.2 求解多目标动态优化问题的算法设计

4.2.1 算法难点分析

种群数目的确定性与动态问题不确定性之间的矛盾。NSGA－Ⅱ算法要求初始种群的数目是固定的，与动态乘客请求随机出现的问题导致的初始种群大小无法确定之间产生了矛盾。结合序贯决策的思想，将问题分阶段处理，每一阶段的初始种群数目变成了固定的，难点在于序贯决策阶段如何划分。如果在问题本身动态乘客点出现密度很高的背景下，按照动态乘客点出现的时间进行划分，则无法有效地实时响应乘客请求，因为每个阶段都需要重新调用程序主函数即第二代非支配排序遗传算法，当前路径一直处于被扰乱的状态；因此，可以按照时间进行阶段划分，适当考虑动态乘客点的个数。

下一阶段初始解的唯一性与上一阶段最优解的多样性之间的矛盾。第一阶段的求解过程都是用第二代非支配排序遗传算法求得帕累托最优解，而在序贯决策的过程中，下一阶段的初始解是由上一阶段的最优解决定的，因此，如何从上一阶段的最优解集中选择一个解作为下一阶段的初始解是问题的难点所在。考虑到优化目标是两个阶段的感知等待时间所造成的不满意度，在当前决策状态下，第一个阶段的感知等待时间已经固定（乘客上车后第一阶段的等待即结束），第二阶段的感知等待时间还会继续延长（乘客上车后，第二阶段的感知等待时间会随着响应动态请求的过程而持续延长），因此，选择第二阶段等待乘客满意度最高的解作为下一阶段的初始解，能够避免一些乘客在第二阶段的感知等待时间过长的缺陷。

4.2.2　改进的第二代非支配排序遗传算法设计

由于上述模型是 NP 难的问题，求解非常困难，因此如何充分考虑乘客在两阶段等待中的行为特征，快速响应动态请求，是求解问题的关键环节。而综合考虑两阶段等待的行为特征，属于多目标优化问题，第二代非支配排序遗传算法是目前最流行的多目标进化算法之一，它降低了非支配排序遗传算法的复杂性，具有运行速度快、解集的收敛性好的优点，成为衡量其他多目标优化算法性能的基准。在此基础上，结合本研究问题的特点，设计带精英策略的第二代非支配排序遗传算法来求解具有两阶段等待的柔性路径公交车实时调度问题模型。

第二代非支配排序遗传算法是非支配排序遗传算法的改进版本，在过去的几年里，该算法非常流行，经常成为其他多目标进化算法的比较对象。第二代非支配排序遗传算法的具体过程如下❶。

第一步：随机产生初始种群 P_0，然后对种群进行非支配排

---

❶ SONG F, LI R, ZHOU H. Feasibility and issues for establishing network – based carpooling scheme ［J］. Pervasive and Mobile Computing, 2015, 24: 4 – 15.

序，每个个体被赋予秩；再对初始种群执行选择、交叉、变异，得到新的种群 Q_0，令 $t=0$。

第二步：形成新的群体 $R_t = P_t \cup Q_t$，对群体进行非支配排序，得到非支配前端 F_1，$F_2 \cdots$。

第三步：对所有 F_i 拥挤比较操作进行排序，并选择其中最好的 N 个个体形成种群 P_{t+1}。

第四步：对种群 P_{t+1} 执行复制、交叉和变异，形成种群 Q_{t+1}。

第五步：如果终止条件成立，则结束；否则，转到第二步。

其中，非支配排序算子和拥挤度比较算子计算的具体过程如下。

（1）非支配排序算子。该算法对于每个个体 i 都设有以下两个参数 n_i 和 s_i，n_i 为在种群中支配个体 i 的解个体的数量，s_i 为被个体 i 所支配的解个体的集合。

① 找到种群中所有 $n_i = 0$ 的个体，将它们存入当前集合 Z_1；

② 对于当前集合中的每个个体 j，考察它所支配的个体集 s_j，将集合 s_j 中的每个个体 k 的 n_k 减去 1，即支配个体 k 的解个体数减 1（因为支配个体 k 的个体 j 已经存入当前集 Z_1），如果 $n_k - 1 = 0$，则将个体 k 存入另一个集 H；

③ 将 Z_1 作为第一级非支配个体集合，Z_1 的个体是最优的，它只支配个体而不被其他任何个体支配，赋予该集合内个体一个相同的非支配序 i_{rank}，然后继续对 H 作上述分级操作并赋予相应的非支配序，直到所有的个体都被分级。

（2）拥挤度比较算子。拥挤度表示在种群中给定点的周围个体的密度，用 i_d 表示，直观上用个体 i 周围包含个体 i 但不包含其余个体的最大长方形的长来表示。在带精英策略的非支配排序遗传算法中，拥挤度的计算是保证种群多样性的一个重要环节，其计算步骤如下。

① 每个点的拥挤度 i_d 置为 0；

② 针对每个目标，对种群进行非支配排序，令边界的两个个体拥挤度为无穷大，即 $O_d = I_d = \infty$；

③ 对其他个体进行拥挤度的计算：

$$i_d = \sum_{j=1}^{m} (\mid f_j^{i+1} - f_j^{i-1} \mid) \tag{4.1}$$

式中：i_d 表示 i 点的拥挤度；f_j^{i+1} 表示 $i+1$ 点的第 j 个目标函数值；f_j^{i-1} 表示 $i-1$ 点的第 j 个目标函数值。

经过前面的快速非支配排序和拥挤度计算之后，种群中的每个个体 i 都拥有两个属性：非支配排序决定的非支配序 i_{rank} 和拥挤度 i_d。依据这两个属性，可以定义拥挤度比较算子：个体 i 与另一个个体 j 进行比较，只要下面任意一个条件成立，则个体 i 获胜。第一个条件：如果个体 i 所处非支配层优于个体 j 所处的非支配层，即 $i_{rank} < j_{rank}$；第二个条件：如果它们有相同的非支配层等级，且个体 i 比个体 j 的拥挤度大，即 $i_{rank} = j_{rank}$ 且 $i_d > j_d$。

第一个条件确保被选择的个体属于较优的非支配等级。第二个条件根据它们的拥挤距离选择由于在同一非支配等级而不分胜负的两个个体中位于较不拥挤区域的个体（有较大的拥挤度 i_d）。

胜出的个体进入下一操作。

（3）交叉算子。交叉算子分几种：单点交叉、两点交叉、多点交叉、融合交叉、均匀交叉等，本研究采用单点交叉算子。

（4）变异算子。包括基位变异、均匀变异、高斯变异等，本研究采用基位变异算子。

4.3　算法的求解步骤

根据 4.2.2 节的算法设计，求解方法的处理步骤如下。

步骤 1：初始化各参数，随机生成动态乘客请求信息，每个乘客请求信息包括所在点的横纵坐标、请求发生的时间、所在站点的乘客数。生成初始种群，进行第 1 次进化。

步骤 2：设定阶段数 n 和阶段时间点，根据阶段时间点将动态乘客划分为 n 个阶段。

步骤 3：对第 j 阶段的客户，生成尽可能包含所有顺序可能的初始种群（chromesome），并对其进行非支配排序，得到非支配前端，对每一个非支配前端计算其拥挤度。

步骤 4：设 $i=1$。

步骤 5：锦标赛方法从初始种群中选择父种群（parent – chromesome）。运用单点交叉法和单点变异法从父种群得到子种群（offspring – chromesome），子种群和父种群的规模相同，都是初始种群的 1/2。

步骤 6：将初始种群和子种群合并成中介种群（intermediate – chromosome），对中介种群进行非支配排序。

步骤 7：根据排序和拥挤度的大小对中介种群进行选择得到与初始种群相同规模的种群并代替初始种群。

步骤 8：判断迭代次数 i 是否达到进化代数，若是，输出初始种群的帕累托解集，若否，$i = i + 1$，跳至步骤 5。

步骤 9：判断 j 是否等于 n，若是，输出所有可能的解集，若否，初始种群的帕累托解集中选择第二目标值最小的染色体作为该阶段最优的解，以此为基准，作为下一阶段的前段解 $j = j + 1$；跳至步骤 3。

求解思路见图 4.3。

首先，将问题按照时间分段，分成 N 个阶段，即将问题转变成 N 个阶段的序贯决策问题。针对第 1 阶段的问题，按照上述求解步骤用第二代非支配排序遗传算法对问题求解，得到帕累托最优解集。从帕累托最优解中选择第 2 阶段等待乘客满意度最高的解，作为第 2 个序贯决策过程的初始解。将此初始解作为第 2 阶段第二代非支配排序遗传算法中种群染色体的初始值，重新生成新的种群，继续优化，以此往复，直到完成最后一个阶段的求解过程。

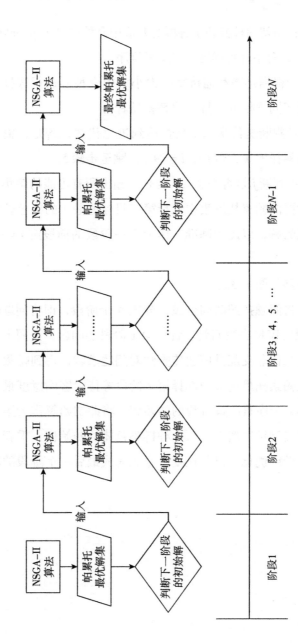

图 4.3 第二代非支配排序遗传算法（NSGA－Ⅱ）与序贯决策过程融合示意

4.4　本章小结

　　本章针对考虑乘客等待行为的柔性路径公交车实时调度模型的三大特征，即 NP 难问题、动态性、多目标问题，提出第二代非支配排序遗传算法与序贯决策融合的求解方法。首先将问题规模进行阶段划分，每一阶段用第二代非支配排序遗传算法求出帕累托最优解；进而根据一定规则选取一个解作为下一阶段的初始解，继续第二代非支配排序遗传算法，直到最后阶段生成最终的帕累托最优解集，整个过程按阶段划分后运用序贯决策的思想。该方法能够快速有效地响应动态乘客的请求，生成以客户满意度最高为目标的调度方案，提高柔性路径公交车运营企业的决策效率，从而提高其服务质量。

第5章 数值实验

本章主要针对第 3 章的模型，运用第 4 章提出的求解多目标动态优化问题的算法对模型求解，验证模型和算法的有效性。目前尚没有针对柔性路径公交车实时调度问题的标准算例（Benchmark）实验数据，所以本研究将根据问题特点随机生成算例数据，包括算例中乘客点的基本信息、乘客等待行为和心理的参数值、算法中涉及的参数值。在此算例基础上，首先给出模型的调度结果，并针对响应动态请求策略和公交车运行途中的调度策略进行数值实验，验证调度策略的有效性和适用性，最后对乘客等待行为涉及的 6 个特征因素做灵敏度分析，灵敏度分析的结果能够为管理者提供具体的决策建议。

5.1 算例及参数说明

某一区域内的某一时间段内需要服务的乘客信息如下：共有 15 个（从站点 2 到站点 16）动态请求出现的站点（问题规模从

10 个站点到 100 个站点不等，动态请求点的比例不超过 30%），每个站点的乘客数范围为 [1，4]，其中动态乘客点所在的横纵坐标在 [0，100] 区间随机生成，将起始点坐标 [0，0] 设为站点 1（公交车从起始点出发，服务完所有乘客后再回到起始点），动态乘客请求出现的时间在 [20，300] 区间随机生成，算例基本信息见表 5.1。

表 5.1 算例基本信息

乘客（公交）所在站点	X 坐标值 [0，100]	Y 坐标值 [0，100]	动态乘客点出现时间 [20，300]	同一站点的乘客数 [1，4]
1	92	27	92	1
2	66	8	284	1
3	75	54	68	4
4	87	88	119	1
5	84	18	29	3
6	26	91	137	4
7	64	35	209	1
8	43	43	118	1
9	54	25	284	3
10	62	44	241	1
11	41	56	192	2
12	42	22	171	1
13	5	98	287	2
14	2	82	143	2
15	71	43	75	

算例中各点的坐标示意如图 5.1 所示。

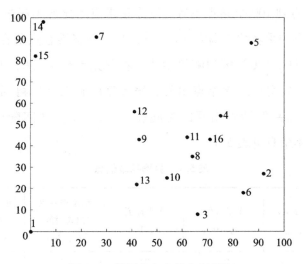

图 5.1   算例中各点的坐标示意

使用主频为 3.4GHz 的 Intel（R）Core（TM）i3－2130 处理器、内存为 2GB 的硬件平台，通过 Matlab 2012b 实现本书算法，其中参数的设置见表 5.2、表 5.3。

表 5.2   算例中等待行为及心理的参数设置

参数名	r_1	r_2	α	β	λ_k	λ_s	ω
参数值	108	225	0.88	0.88	2.25	2.25	1

备注：r_1 和 r_2 的值分别取在不考虑乘客等待心理和行为情况下计算出的乘客第一阶段和第二阶段的平均等待时间。α，β，λ_k，λ_s 的值参考前景理论。

表 5.3   算法的参数设置

参数名	迭代次数	种群数目	变异率	交叉率
参数值	800	180	0.05	0.60

5.2 数值分析

当处理柔性路径公交车实时调度问题时，传统的调度没有从乘客行为的角度进行分析，即优化时仅考虑了绝对等待时间，而本研究的核心是在将绝对等待时间转化为感知等待时间后，优化感知等待时间所产生的价值函数。此价值函数可以表示乘客满意度，因此，将未涉及乘客等待心理和行为的模型作为本书的对比实验，旨在从乘客等待心理和行为的角度去验证模型和求解算法及策略的适用性。

5.2.1 考虑乘客等待心理与行为的模型与传统模型的对比分析

在 5.1 节参数设置的基础上，调度策略为不允许绕道，响应策略为响应所有的动态请求，公交车出发条件为 $N=3$，根据第 3 章构建的原始模型（未考虑乘客的等待行为）和第 4 章设计的求解算法对该算例求解，得出帕累托有效最优解空间中一共有 7 个解，即有 7 条最优路径，这 7 条最优路径的细节见表 5.4。

表5.4　传统的柔性路径公交车实时调度结果

最优解数	帕累托最优路径	第一阶段满意度		第二阶段满意度		到达终点时间
		$t-\text{total}$	$t-\text{average}$	$t-\text{total}$	$t-\text{average}$	
1	1 – 16 – 6 – 2 – 7 – 9 – 4 – 5 – 14 – 15 – 12 – 11 – 8 – 10 – 3 – 13 – 1	4379	292	3926	262	717
2	1 – 16 – 6 – 2 – 7 – 9 – 4 – 5 – 14 – 15 – 12 – 11 – 8 – 10 – 13 – 3 – 1	4362	291	4108	274	728
3	1 – 16 – 6 – 2 – 7 – 9 – 4 – 5 – 14 – 15 – 12 – 11 – 8 – 3 – 10 – 13 – 1	4402	293	3871	258	715
4	1 – 16 – 6 – 2 – 4 – 5 – 7 – 9 – 12 – 11 – 8 – 3 – 10 – 13 – 14 – 15 – 1	3347	223	4477	298	685
5	1 – 16 – 6 – 2 – 4 – 5 – 7 – 9 – 12 – 11 – 8 – 10 – 3 – 13 – 14 – 15 – 1	3328	222	4533	302	687
6	1 – 16 – 6 – 2 – 4 – 5 – 7 – 9 – 12 – 11 – 8 – 10 – 3 – 13 – 15 – 14 – 1	3303	220	4613	308	691
7	1 – 16 – 6 – 2 – 4 – 5 – 7 – 9 – 12 – 11 – 8 – 3 – 10 – 13 – 15 – 14 – 1	3322	221	4557	304	689

从表5.4可以看出，针对传统模型的求解，其结果中的帕累托最优解集有7个元素，用表5.4中第1列最优解数表示，帕累托最优路径分别给出了对应的7条路径，如表5.4中第2

列帕累托最优路径所示。第一阶段满意度和第二阶段满意度分别是两个目标函数值，用每个阶段的绝对等待时间表示，等待时间越短，表明乘客满意度越高，t – total 表示所有乘客总的等待时间，t – average 表示乘客的平均等待时间，最后一列表示乘客到达终点的时间，即车辆总的运行时间。通过分析可以看出，第 3 条最优路径中，乘客第二阶段的满意度最高；第 6 条最优路径中，乘客第一阶段的满意度最高；第 4 条最优路径中，公交车总的运行时间最短。在得出帕累托最优路径的前提下，决策者可以根据实际情况以及其他指标对这些最优解进行进一步的分析和评价。第 3、第 6、第 4 条最优路径的行驶路径如图 5.2 所示。

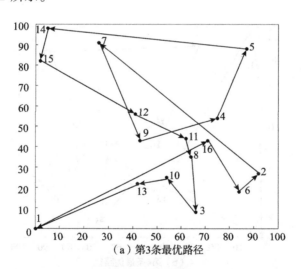

（a）第3条最优路径

图 5.2　最优路径

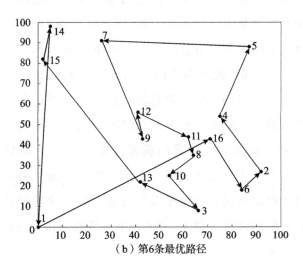

（b）第6条最优路径

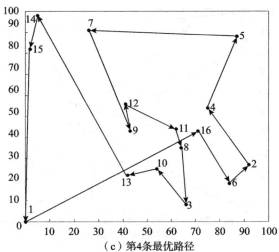

（c）第4条最优路径

图5.2　最优路径（续）

　　从上述图表中可以看出，这 7 条路径从理论上分析，各有优势，因为不同的调度目标之间存在矛盾，比如最大化第一阶段等待的满意度是以延长公交车总的运行距离换来的，最大化第二阶段等待的满意度可能会降低第一阶段的乘客满意度。

　　在以上参数设置、响应策略和调度策略都不变的前提下，根据第 3 章构建的考虑乘客等待行为的柔性路径公交车实时调度模型和第 4 章设计的求解算法对该算例求解，得出的结果如图 5.3 所示（具体帕累托最优解的详细值见附录）。

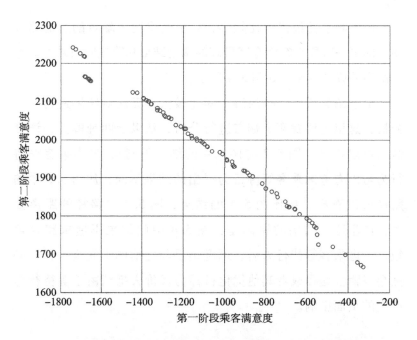

图 5.3　考虑乘客等待心理与行为的柔性路径公交车实时调度结果

如图 5.3 所示，横坐标表示第一阶段乘客满意度，纵坐标表示第二阶段乘客满意度，都是用等待的价值函数来度量。第一阶段乘客满意度都为负值，表示各个乘客在第一阶段中等待的价值函数的和为负数，因为价值函数的正负是由实际等待与参照点相比较后而产生的，"得"和"失"分别用正负来表示，如果"失"的感知部分偏大，则最终的值为负数。由图 5.3 可以看出，问题存在很多个帕累托最优解，而在决策者做决策时，需要进一步综合考虑两个阶段由于等待产生的价值函数，进行进一步判断。

由于帕累托最优解比较多，这里给出两个端点的解的路径图，即第一阶段乘客满意度最高的调度结果和第二阶段乘客满意度最高的调度结果，如图 5.4 所示。

由于帕累托最优解的解空间比较大，无法对结果进行一一分析，这里主要找两个端点进行分析，从以上两种模型的调度结果可以看出（图 5.2 与图 5.4 的结果不同），考虑乘客等待行为与没有考虑乘客等待行为得出的结果不同，从图 5.2 中的路径可以看出，相比图 5.4 的结果，图 5.2 中路径的距离要短，产生这一结果的原因是：图 5.4 中的结果不追求路径最短，考虑乘客等待行为后，调度结果与之前的不完全一样，必然会以牺牲路径或者其他优化目标为代价去抵消由于等待行为产生的负面影响。

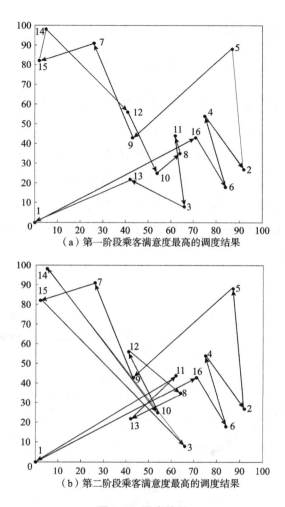

（a）第一阶段乘客满意度最高的调度结果

（b）第二阶段乘客满意度最高的调度结果

图 5.4　调度结果

5.2.2　响应策略和调度策略的数值实验分析

本小节主要针对 2.4 节中公交车的两种响应策略进行数值实

验分析，程序中其他参数设置见5.1节。

5.2.2.1　公交车运行途中的响应策略

公交车在运行途中是否应该响应所有新出现的动态请求？如果不能响应所有的动态请求，如何判断哪些请求需要立即得到响应？这就是公交车在运行途中响应策略的设定。本小节将公交车运行途中的响应范围按照距离划分，即当请求发生时，按照新请求与公交车当前位置的距离，划分为三种情况进行数值实验分析，即距离为20、50和$+\infty$，实验结果如图5.5所示。

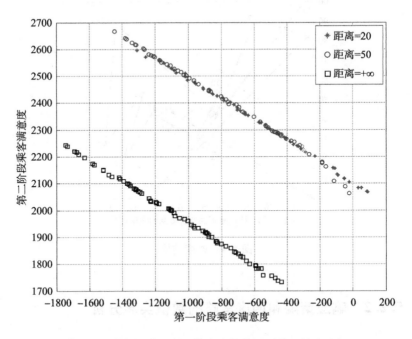

图5.5　公交车运行途中的响应范围设置的灵敏度分析

当公交车的响应距离为 $+\infty$ 时，即响应所有的动态请求，结果如图 5.5 中□部分所示，当公交车响应距离为 20 和 50 时，结果如图 5.5 中※和○部分所示，能够看出，在设置了一定的响应范围后，乘客两个阶段的满意度都有了很大的提高。响应距离为 20 和 50 时的结果区别不大，是由算例自身的原因所致。

5.2.2.2　公交车出发前的响应策略

在不允许绕道的前提下，响应所有的请求点，公交车出发条件设置为第 N 个动态请求点出现后公交车出发，N 分别取 1，2，3 做数值实验的结果如图 5.6 所示。

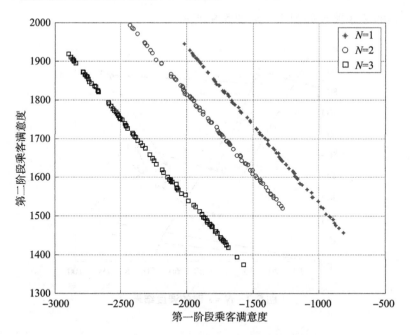

图 5.6　公交车出发前的响应策略的灵敏度分析

图 5.6 表示在公交车出发条件不同的情况下，分别得到的乘客满意度的帕累托最优解。从图 5.6 可以看出，当出发条件不同时，得到的解也不同。当出发条件设为第 1 个动态请求点出现后公交车出发时，会从整体上提高两个阶段的乘客满意度。

在纵坐标相同的情况下，即第二阶段的乘客满意度相同时，$N=3$ 得出第一阶段的乘客满意度最低，因为当第 3 个动态点出现之前，即公交车出发前，前两个动态乘客的第一阶段等待已经开始，即公交车出发前在原点等待的时间会增加各个乘客第一阶段的等待时间。

分别取这三种情况下第一阶段乘客满意度最大的值的解，得到的三条路径如图 5.7 至图 5.9 所示。

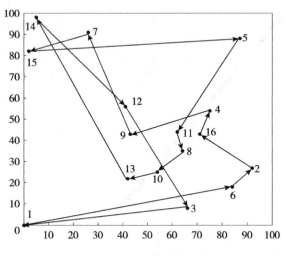

图 5.7　$N=1$ 时的调度结果

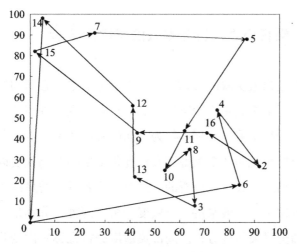

图 5.8　*N* = 2 时的调度结果

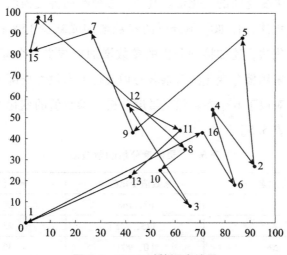

图 5.9　*N* = 3 时的调度结果

5.2.3　乘客心理及行为参数的灵敏度分析

从上述数值实验的结果可以看出，考虑乘客心理和行为中的关键要素对乘客满意度的影响之后，结果呈现一种新的局面。本研究中涉及很多乘客心理和行为方面的关键要素，本小节将通过灵敏度分析来说明各个关键要素对优化结果的影响程度以及如何影响优化结果，灵敏度分析的结果对决策者做出的最终决策有重要的借鉴作用。一般来讲，灵敏度分析有两种，分别是局部灵敏度分析和全局灵敏度分析。局部灵敏度分析也称一次变化法，其特点是只针对一个参数值进行变化，最终评价模型的结果在此参数每次发生变化时的变化量。其中，参数有两种变换法：第一种是因子变化法，比如将预分析的参数增加或减少15%；第二种是偏差变化法，比如将预分析的参数增加或减少一个标准偏差。本小节将采用偏差变化法对乘客心理及行为参数做局部灵敏度分析。分别对以下6个参数做灵敏度分析，参数值的变化范围和标准偏差见表5.5。

表5.5　灵敏度分析的参数值

参数名	参数值变化范围	标准偏差
r_1	[68, 168]	20
r_2	[175, 275]	25
Δg	[0, 90]	30
λ_k	[1.25, 3.25]	0.25
λ_s	[1.75, 2.75]	0.25
ω	[5/9, 1]	1/9

本节关于乘客等待心理和行为参数的灵敏度分析采用的调度策略为不允许绕道，响应动态请求的范围为响应全部动态请求，公交车出发条件为 $N = 3$。

第一阶段等待中参照点的灵敏度分析结果如图 5.10 所示。从图 5.10 可以看出，当参照点的值变大时，乘客的满意度也随之提高；当参照点的值变小时，乘客的满意度也随之降低。这一结果正好与参照点的本质相一致。当参照点的值很小时，乘客经历短暂的等待也会产生很高的不满意度；而当参照点的值很大时，乘客经历很长时间的等待也不会产生不满意感。

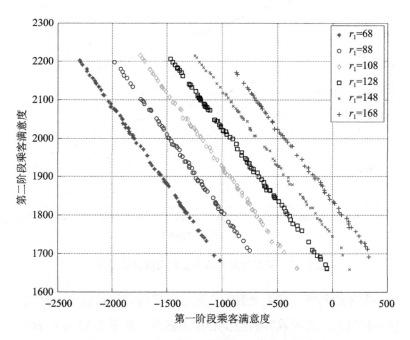

图 5.10　第一阶段等待中参照点的灵敏度分析

第二阶段等待中参照点的灵敏度分析结果如图 5.11 所示。从图 5.11 可以看出，当参照点的值变大时，乘客的满意度也随之提高；当参照点的值变小时，乘客的满意度也随之降低。这一结果正好与参照点的本质相一致。当参照点的值很小时，乘客经历短暂的等待也会产生很高的不满意度；而当参照点的值很大时，乘客经历很长时间的等待也不会产生不满意感。

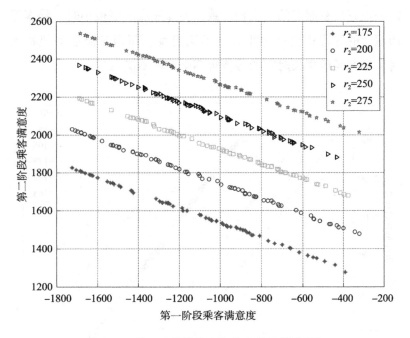

图 5.11　第二阶段等待中参照点的灵敏度分析

乘客的恐惧心理主要表现在第一阶段的等待过程中，恐惧心理系数越大，表明乘客的恐惧心理越强烈。从图 5.12 可以看出，当乘客的恐惧心理系数逐渐减小时，在第二阶段乘客满意度相同的前提下，乘客第一阶段的满意度会提高。

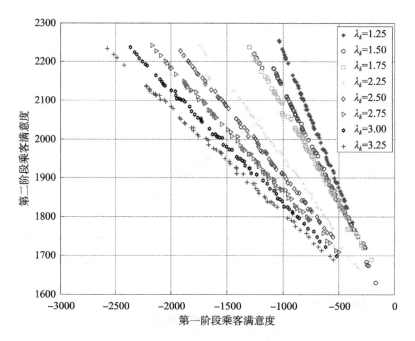

图 5.12　乘客恐惧心理参数的灵敏度分析

社会不公平性主要体现在乘客第二阶段的等待过程中，对社会不公平性参数的灵敏度分析结果如图 5.13 所示。随着社会不公平性参数的减小，乘客的满意度会提高，当乘客第一阶段满意度相同时，第二阶段的满意度会随着社会不公平性参数的减小而提高。也就是说，如果乘客有一种强烈的社会不公平感，则会降低其对服务的满意度。

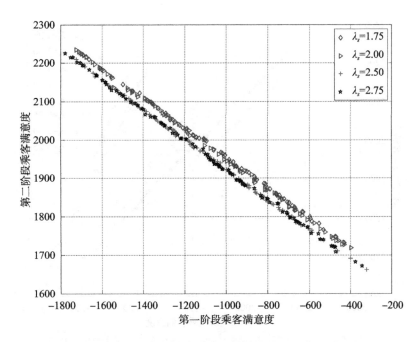

图 5.13   乘客第二阶段等待中社会不公平性参数的灵敏度分析

群体等待行为主要体现在第一阶段的等待中，群体等待行为具体的影响是会增加乘客参照点的值，并且会削弱乘客的恐惧心理，下面是针对这两方面具体数值实验分析的结果。

群体等待与个人等待对恐惧心理影响的灵敏度分析结果如图5.14 所示。随着群体等待对恐惧心理的调节系数 ω 的减小，恐惧心理系数会减小，乘客的满意度会提高，结论与对恐惧心理系数的灵敏度分析结果一致。

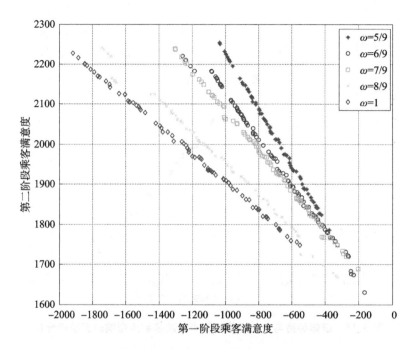

图 5.14　群体等待与个人等待对恐惧心理影响的灵敏度分析

　　群体等待与个人等待对第一阶段参照点影响的灵敏度分析结果如图 5.15 所示。群体等待行为会增大第一阶段参照点的值，群体等待行为对参照点值的调节作用越大，表明参照点值的增加量越大，参照点的值就会越大，乘客的满意度就会越高，与前面对第一阶段参照点的灵敏度分析结果一致。

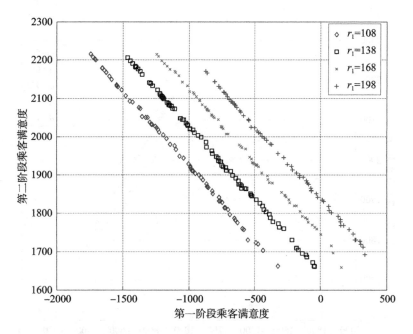

图 5.15　群体等待与个人等待对第一阶段参照点影响的灵敏度分析

　　综上，本小节对 6 个参数进行了灵敏度分析，并对结果进行了详细阐述，灵敏度分析结果能够给决策者提供丰富的管理决策建议，下面小节中将进行详细的分析。

5.3　管理决策建议

　　通过模型的求解，得到的是帕累托的最优解集，管理者在做决策时还需要进行进一步的分析和思量。如何在最优解集的基础上进行具体决策是管理者面临的关键问题，而通过 5.2 节数值分析的结果，能够让管理者得到一些管理决策方面的参考启发，这正是本小节的主要目的，在具体管理决策方面提出如下建议。

（1）在公交车运行过程中，可以根据具体要求情况采用绕道的策略，并对响应范围做出适当调整。绕道主要用在以乘客满意度最大化为目标的调度优化问题中，另外，响应范围的调整会对两个阶段的等待产生不同程度的影响，需要根据对待两个阶段等待的不同态度采取不同的响应策略。

（2）在公交车未出发时，设置相应的公交车出发条件，有助于提高乘客满意度；但是公交车不同的出发条件也会对两个阶段的等待造成不同程度的影响，需要酌情考虑。

（3）采取相应措施增大乘客参照点的值。通过数值实验的结果可以看出，参照点值的增加能够提高乘客满意度，因此，管理者可以事先采取一些措施提高乘客参照点的值，比如，事先告知乘客一个大于其参照点值的预计等待时间，从感知上将乘客的参照点推迟。

（4）对群体等待和个人等待区别对待。在相同背景条件下，群体等待比个体等待的乘客满意度高，因此在设置站点位置时，可以将相邻的站点进行合并，提高群体等待的可能性。

（5）事先从情感上降低乘客的恐惧心理。乘客的恐惧心理主要体现在第一阶段的等待过程中，如乘客担心自己的请求被遗忘，这种情况可以在收到乘客请求时，给予乘客一个反馈，从而能够适度打消乘客的恐惧心理。

（6）对两个阶段的等待过程要区别对待。前一个阶段和后一个阶段的等待心理的主要表现特征不同，因此，管理者在做决策时需要综合考虑两个阶段的等待过程，根据其主导等待行为特征采取不同的措施。

5.4　本章小结

　　本章针对第 2 章中的调度策略、公交车实时响应策略和第 3 章中建模涉及的关键要素进行了具体的数值实验分析，并根据分析结果给出一系列管理决策建议。首先对比分析传统模型与考虑乘客等待心理与行为的模型；进而针对考虑乘客等待心理和行为的模型进行了响应策略和调度策略的数值实验分析，验证这些策略的有效性和可行性；接着对涉及乘客心理和行为的 6 个参数进行灵敏度分析，并根据这些分析结果给出管理决策建议。数值分析的结果表明，考虑乘客等待心理和行为的柔性路径公交车调度方法，结合相应的调度策略，能够有效提高乘客的满意度；另外，针对乘客等待心理和行为的主要特征，通过采取一定的措施，有助于管理者做出更优决策，从而提高其服务质量。

第6章 结论与展望

6.1 主要创新性成果

本研究针对考虑乘客等待行为的柔性路径公交车实时调度的优化决策问题，运用行为学、心理学、运筹学以及计算智能等理论方法，聚焦于行为科学与运作管理的交叉融合，在柔性路径公交车实时调度方向上做了探索性的工作，提出了求解动态多目标问题的创新性方法，并取得了相应的研究成果，具体的研究成果和创新之处总结如下。

（1）构建基于乘客等待行为的柔性路径公交车实时调度模型，为柔性路径公交车实时调度提供一种新的工具。

将乘客等待行为特征量化表达后，嵌入传统的柔性路径公交车实时调度模型中，以最大化乘客满意度为优化目标，构建了考虑乘客等待行为的柔性路径公交车实时调度模型，从行为的视角为柔性路径公交车实时调度提供一种新的思路。

（2）运用前景理论与等待心理学理论，提出乘客等待行为的度量方法，为乘客等待行为的定量分析与描述提供一种新的方法。

该方法将柔性路径公交车调度问题中的等待主体行为考虑在内，通过结合前景理论、同化对比理论、等待心理学等相关理论，对乘客的等待行为感知进行度量，克服了在现有的完全理性假设条件下，研究成果难以运用于解决实时公交车调度问题这一缺陷，为以最大化满意度为优化目标的车辆调度问题的研究提供了新的方法，有利于提高求解复杂管理决策问题的实用性和有效性。

（3）将 NSGA－Ⅱ算法和序贯决策方法相融合，提出求解动态多目标的 NP 难问题的一种有效的新方法，为求解动态多目标优化问题更为科学实用的方法进行了探索。

该方法通过将动态问题按照动态乘客请求出现的时间划分阶段，转化为序贯决策问题，并且与求解多目标静态问题的 NSGA－Ⅱ进行有机结合，能够有效兼顾两个阶段乘客的等待感知，并能及时响应动态乘客请求，形成两个阶段目标都满意的解，克服了现有研究成果难以快速有效地处理动态多目标优化问题的缺陷，不仅为求解多目标动态优化问题提供了新工具，而且有利于提高柔性路径公交车运营企业的决策效率，可以大大提高乘客的满意度。

6.2 展　望

在公交车实时调度问题的研究中，考虑乘客的等待行为是一个非常复杂的优化问题，尽管本研究在将等待行为与公交车实时调度问题相融合方面进行了初步的研究尝试，取得了一些研究成果，但是从行为视角深入研究柔性路径的公交车实时调度问题还有待进一步研究，包括：

（1）等待行为特征的表达。关于行为学与运筹学相融合的研究方法主要归纳为两种，第一种是用参数表达形式量化行为特征，第二种是通过实证研究得到行为特征的具体值及其内在的联系。本研究目前采用的是第一种方法，即设置合适的参数表达等待行为趋势的变化，或者引用心理行为领域的研究成果。这种方法忽略了具体应用背景对调度结果的影响，在目前行为运作管理的很多研究中，尝试用田野实验（field experiment）和实验室实验（laboratory experiment）对行为进行深入研究和刻画，这也是本研究将进一步对等待行为特征研究要采用的方法。

（2）从乘客等待行为视角提高乘客满意度的方法。关于提高乘客的满意度，从等待行为视角考虑，还有另外一种策略，即研究降低乘客感知时间的举措或策略，目前市场营销领域的研究大部分属于此类研究，本课题将进一步从这两个方面综合考虑对乘客满意度进行研究。

（3）乘客等待行为的特征表达方法在其他领域的拓展深化研究。其他调度问题也会涉及等待行为，如机器调度中由干扰事件导致的误工现象，造成客户的等待行为，因此，在其他调度问题中拓展和深入研究等待行为的特征表达是下一步的研究方向。

参考文献

[1] DANTZIG G B, RAMSER J H. The truck dispatching problem [J]. Management Science, 1959, 6 (1): 80 – 91.

[2] PALMER K, DESSOUKY M, ABDELMAGUID T. Impacts of management practices and advanced technologies on demand responsive transit systems [J]. Transportation Research Part A: Policy and Practice, 2004, 38 (7): 495 – 509.

[3] 赵晓波, 谢金星, 张汉勤, 等. 展望服务科学 [J]. 工业工程与管理, 2009, 14 (1): 1 – 4.

[4] FERRUCCI F. Pro – active dynamic vehicle routing: Real – time control and request – forecasting approaches to improve customer service [M]. Springer Science & Business Media, 2013.

[5] DAVISON L, ENOCH M, RYLEY T, et al. A survey of demand responsive transport in Great Britain [J]. Transport Policy, 2014, 31: 47 – 54.

[6] MAGEEAN J, NELSON J D. The evaluation of demand responsive transport services in Europe [J]. Journal of Transport Geography, 2003, 11 (4): 255 – 270.

[7] VAN RIEL A C R, SEMEIJN J, RIBBINK D, et al. Waiting for service at the checkout: Negative emotional responses, store image and overall satisfaction [J]. Journal of Service Management, 2012, 23 (2): 144 – 169.

[8] HOUSTON M B, BETTENCOURT L A, WENGER S. The relationship between waiting in a service queue and evaluations of service quality: A field theory perspective [J]. Psychology & Marketing, 1998, 15 (8): 735 -753.

[9] DUBÉ - RIOUX L, SCHMITT B H, LECLERC F. Consumers' reactions to waiting: When delays affect the perception of servicequality [J]. ACR North American Advances, 1989 (16): 59 -64.

[10] JONES P, DENT M. Improving service: Managing response time in hospitality operations [J]. International Journal of Operations & Production Management, 1994, 14 (5): 52 -58.

[11] CABALLERO M J, LUMPKIN J R, BROWN D, et al. Waiting in line: A primary investigation [J]. Marketing: The next decade, 1985: 46 -49.

[12] GOPALAKRISHNA P, MUMMALANENI V. Influencing satisfaction for dental services [J]. Marketing Health Services, 1993, 13 (1): 16.

[13] CARMON Z, SHANTHIKUMAR J G, CARMON T F. A psychological perspective on service segmentation models: The significance of accounting for consumers' perceptions of waiting and service [J]. Management Science, 1995, 41 (11): 1806 - 1815.

[14] MAISTER D H. The psychology of waiting lines [M]. Boston: Harvard Business School, 1984.

[15] CLEMMER E C, SCHNEIDER B. Toward understanding and controlling customer dissatisfaction with waiting during peak demand times [C] //Seventh Annual Service Marketing Conference Proceedings, 1998.

[16] KATZ K, LARSON B, LARSON R. Prescription for the waiting - in - line blues entertain, enlighten, and engage [J]. Oper Manag Crit Perspect Bus Manag, 2003, 2: 160.

[17] DAVIS M M, VOLLMANN T E. A framework for relating waiting time and

customer satisfaction in a service operation [J]. Journal of Services Mar-
keting, 1990.

[18] DAVIS M M, MAGGARD M J. An analysis of customer satisfaction with
waiting times in a two – stage service process [J]. Journal of operations
management, 1990, 9 (3): 324 – 334.

[19] CHEBAT J C, FILIATRAULT P. The impact of waiting in line on consum-
ers [J]. International Journal of Bank Marketing, 1993.

[20] KUMAR P, KALWANI M U, DADA M. The impact of waiting time guar-
antees on customers' waiting experiences [J]. Marketing science, 1997,
16 (4): 295 – 314.

[21] DUBÉ L, SCHMITT B H, LECLERC F. Consumers' affective response to
delays at different phases of a service delivery 1 [J]. Journal of Applied
Social Psychology, 1991, 21 (10): 810 – 820.

[22] YANG W, MATTILA A S, HOU Y. The effect of regulatory focus and de-
lay type on consumers' reactions to delay [J]. International Journal of Hos-
pitality Management, 2013, 32: 113 – 120.

[23] GOLDFARB A, HO T H, AMALDOSS W, et al. Behavioral models of
managerial decision – making [J]. Marketing Letters, 2012, 23 (2):
405 – 421.

[24] STEVENSON W J, HOJATI M, CAO J. Operations management [M].
New York: McGraw – Hill Education, 2014.

[25] ANDERSON R E. Consumer dissatisfaction: The effect of disconfirmed ex-
pectancy on perceived product performance [J]. Journal of marketing re-
search, 1973, 10 (1): 38 – 44.

[26] HOVLAND C I, HARVEY O J, SHERIF M. Assimilation and contrast
effects in reactions to communication and attitude change [J]. The Journal

of Abnormal and

[27] KAHNEMAN D, SLOVIC S P, SLOVIC P, et al. Judgment under uncertainty: Heuristics and biases [M]. Cambridge university press, 1982.

[28] TVERSKY A, KAHNEMAN D. Advances in prospect theory: Cumulative representation of uncertainty [J]. Journal of Risk and uncertainty, 1992, 5 (4): 297 – 323.

[29] HORNIK J. Subjective vs. objective time measures: A note on the perception of time in consumer behavior [J]. Journal of consumer research, 1984, 11 (1): 615 – 618.

[30] CHEBAT J C, FILIATRAULT P, GELINAS – CHEBAT C, et al. Impact of waiting attribution and consumer's mood on perceived quality [J]. Journal of business Research, 1995, 34 (3): 191 – 196.

[31] MILLER J A. Conceptualization and measurement of customer satisfaction and dissatisfaction [M]. Bloomington: School of Business, Indiana University, 1977.

[32] ZEITHAML V A, BERRY L L, PARASURAMAN A. The nature and determinants of customer expectations of service [J]. Journal of the academy of Marketing Science, 1993, 21 (1): 1 – 12.

[33] 丁秋雷, 胡祥培, 姜洋. 基于前景理论的物流配送干扰管理模型研究 [J]. 管理科学学报, 2014, 17 (11): 1 – 9, 19.

[34] 李小静, 刘林忠. 基于累积前景理论的通勤者路径选择模型 [J]. 交通运输系统工程与信息, 2015, 15 (1): 173 – 178.

[35] 张薇, 何瑞春, 肖强, 等. 考虑乘客心理的出租车合乘决策方法研究 [J]. 交通运输系统工程与信息, 2015, 15 (2): 17 – 23.

[36] 田丽君, 吕成锐, 黄文彬. 基于累积前景理论的合乘行为建模与研究 [J]. 系统工程理论与实践, 2016, 36 (6): 1576 – 1584.

[37] 田丽君，吕成锐，黄文彬. 基于累积前景理论的合乘行为建模与研究 [J]. 系统工程理论与实践，2016，36（6）：1576-1584.

[38] 黄敏，任亮，毛俊，等. 考虑客户拖期心理成本的 4PL 路径问题的模型与算法 [J]. 系统管理学报，2017，26（1）：94-100.

[39] 宁涛，王旭坪，胡祥培. 前景理论下的末端物流干扰管理方法研究 [J]. 系统工程理论与实践，2019，39（3）：673-681.

[40] 黄婷婷，朱海燕，杨聚芬. 基于前景理论的轨道交通乘客路径选择模型 [J]. 都市快轨交通，2019，32（2）：59-63.

[41] 马书红，周烨超，张艳. 基于 NL-累计前景理论的出行方式选择预测模型研究 [J]. 交通运输系统工程与信息，2019，19（4）：135-142.

[42] WEINER B. An attributional theory of achievement motivation and emotion [J]. Psychological review, 1985, 92 (4): 548.

[43] NIE W. Waiting: integrating social and psychological perspectives in operations management [J]. Omega, 2000, 28 (6): 611-629.

[44] TAYLOR S. Waiting for service: The relationship between delays and evaluations of service [J]. Journal of marketing, 1994, 58 (2): 56-69.

[45] LEVINE R V. The pace of life across cultures [J]. The social psychology of time: New perspectives, 1988, 39: 92.

[46] GRAHAM R J. The role of perception of time in consumer research [J]. Journal of consumer research, 1981, 7 (4): 335-342.

[47] SCHMITT B H, DUBE L, LECLERC F. Intrusions into waiting lines: does the queue constitute a social system? [J]. Journal of Personality and Social Psychology, 1992, 63 (5): 806.

[48] MILGRAM S, LIBERTY H J, TOLEDO R, et al. Response to intrusion into waiting lines [J]. Journal of Personality and Social Psychology, 1986, 51 (4): 683.

［49］ OSUNA E E. The psychological cost of waiting ［J］. Journal of Mathematical Psychology, 1985, 29 (1): 82 – 105.

［50］ SCHOFER J L. Resource requirements for demand – responsive transportation services ［M］. Transportation Research Board, 2003.

［51］ 杨冰. 响应需求运输与优化奥运交通管理 ［J］. 科技导报, 2002 (8): 31 – 33.

［52］ 沈昱, 关函非. 响应需求公交系统分析与实施要点研究 ［J］. 交通与运输 (学术版), 2010 (2): 75 – 78.

［53］ CORDEAU J F, LAPORTE G. The dial – a – ride problem: Models and algorithms ［J］. Annals of operations research, 2007, 153 (1): 29 – 46.

［54］ PAQUETTE J, CORDEAU J F, LAPORTE G. Quality of service in dial – a – ride operations ［J］. Computers & Industrial Engineering, 2009, 56 (4): 1721 – 1734.

［55］ WONG K I, BELL M G H. Solution of the Dial – a – Ride Problem with multi – dimensional capacity constraints ［J］. International Transactions in Operational Research, 2006, 13 (3): 195 – 208.

［56］ 穿梭巴士 ［EB/OL］. (2014 – 06 – 16) ［2022 – 11 – 10］. http: // zh. wikipedia. org/wiki/% E7% A9% BF% E6% A2% AD% E5% B7% B4% E5% A3% AB.

［57］ JERBY S, CEDER A. Optimal routing design for shuttle bus service ［J］. Transportation Research Record, 2006, 1971 (1): 14 – 22.

［58］ 合乘计程车 ［EB/OL］. (2014 – 05 – 28) ［2022 – 11 – 10］. Http: // Zh. Wikipedia. Org/Wiki/% E5% 90% 88% E4% B9% 98% E8% a8% 88% E7% a8% 8B% E8% Bb% 8a.

［59］ 杨冰, 宋俊. 论发展门到门公共交通 ［J］. 公路交通科技, 2002 (4): 101 – 104.

[60] SAVELSBERGH M W P, SOL M. The general pickup and delivery problem [J]. Transportation science, 1995, 29 (1): 17 - 29.

[61] 孙丽君. 物流配送干扰管理问题的知识表示与建模方法 [D]. 大连: 大连理工大学, 2011.

[62] PAQUETTE J, CORDEAU J F, LAPORTE G. Quality of service in dial - a - ride operations [J]. Computers & Industrial Engineering, 2009, 56 (4): 1721 - 1734.

[63] LARSEN A, MADSEN O, SOLOMON M. Partially dynamic vehicle routing—models and algorithms [J]. Journal of the operational research society, 2002, 53 (6): 637 - 646.

[64] TAN K C, LEE T H, KHOR E F. Incrementing multi - objective evolutionary algorithms: Performance studies and comparisons [C] //International Conference on Evolutionary Multi - Criterion Optimization. Springer, Berlin, Heidelberg, 2001: 111 - 125.

[65] 王艳婷, 何正文, 刘人境. 突发事件应急救援前摄性调度与反应式调度的集成优化 [J]. 系统工程理论与实践, 2015, 35 (4).

[66] 刘冠男, 曲金铭, 李小琳, 吴俊杰. 基于深度强化学习的救护车动态重定位调度研究 [J]. 管理科学学报, 2020, 23 (2).

[67] KILBY P, PROSSER P, SHAW P. Dynamic VRPs: A study of scenarios [J]. University of Strathclyde Technical Report, 1998, 1 (11).

[68] GENDREAU M, POTVIN J Y. Dynamic vehicle routing and dispatching [M] //Fleet management and logistics. Springer, Boston, MA, 1998: 115 - 126.

[69] BENT R W, VAN HENTENRYCK P. Scenario - based planning for partially dynamic vehicle routing with stochastic customers [J]. Operations Research, 2004, 52 (6): 977 - 987.

［70］ ICHOUA S, GENDREAU M, POTVIN J Y. Planned route optimization for real – time vehicle routing ［J］. Dynamic Fleet Management, 2007: 1 – 18.

［71］ BOCK S. Real – time control of freight forwarder transportation networks by integrating multimodal transport chains ［J］. European Journal of Operational Research, 2010, 200 （3）: 733 – 746.

［72］ YANG J, JAILLET P, MAHMASSANI H. Real – time multivehicle truckload pickup and delivery problems ［J］. Transportation Science, 2004, 38 （2）: 135 – 148.

［73］ POWELL W B. A compapative review of alternative algorithms for the dynamic vehicle allocation problem ［J］. Vehicle Routing, 1988.

［74］ ICHOUA S, GENDREAU M, POTVIN J Y. Exploiting knowledge about future demands for real – time vehicle dispatching ［J］. Transportation Science, 2006, 40 （2）: 211 – 225.

［75］ SCHMID V. Solving the dynamic ambulance relocation and dispatching problem using approximate dynamic programming ［J］. European Journal of Operational Research, 2012, 219 （3）: 611 – 621.

［76］ BRANCHINI R M, ARMENTANO V A, LØKKETANGEN A. Adaptive granular local search heuristic for a dynamic vehicle routing problem ［J］. Computers & Operations Research, 2009, 36 （11）: 2955 – 2968.

［77］ 谢金星, 刑文训, 王振波. 网络优化 ［M］. 北京: 清华大学出版社, 2009.

［78］ FISHER M L. Optimal solution of vehicle routing problems using minimum k – trees ［J］. Operations Research, 1994, 42 （4）: 626 – 642.

［79］ PADBERG M, RINALDI G. A branch – and – cut algorithm for the resolution of large – scale symmetric traveling salesman problems ［J］. SIAM Review, 1991, 33 （1）: 60 – 100.

[80] KOHL N, MADSEN O B G. An optimization algorithm for the vehicle routing problem with time windows based on Lagrangian relaxation [J]. Operations Research, 1997, 45 (3): 395 – 406.

[81] LORENA L A N, SENNE E L F. A column generation approach to capacitated p – median problems [J]. Computers & Operations Research, 2004, 31 (6): 863 – 876.

[82] LAPORTE G, NOBERT Y, DESROCHERS M. Optimal routing under capacity and distance restrictions [J]. Operations research, 1985, 33 (5): 1050 – 1073.

[83] LIU F F, SHEN S. An overview of a heuristic for vehicle routing problem with time windows [J]. Computers & Industrial Engineering, 1999, 37 (1 – 2): 331 – 334.

[84] CLARKE G, WRIGHT J W. Scheduling of vehicles from a central depot to a number of delivery points [J]. Operations Research, 1964, 12 (4): 568 – 581.

[85] ALTINKEMER K, GAVISH B. Parallel savings based heuristics for the delivery problem [J]. Operations Research, 1991, 39 (3): 456 – 469.

[86] GILLETT B E, MILLER L R. A heuristic algorithm for the vehicle – dispatch problem [J]. Operations Research, 1974, 22 (2): 340 – 349.

[87] FOSTER B A, RYAN D M. An integer programming approach to the vehicle scheduling problem [J]. Journal of the Operational Research Society, 1976, 27 (2): 367 – 384.

[88] RYAN D M, HJORRING C, GLOVER F. Extensions of the petal method for vehicle routeing [J]. Journal of the Operational Research Society, 1993, 44 (3): 289 – 296.

[89] RENAUD J, BOCTOR F F, LAPORTE G. An improved petal heuristic for

the vehicle routeing problem [J]. Journal of the operational Research Society, 1996, 47 (2): 329 – 336.

[90] SOLOMON M M. Algorithms for the vehicle routing and scheduling problems with time window constraints [J]. Operations Research, 1987, 35 (2): 254 – 265.

[91] POTVIN J Y, ROUSSEAU J M. A parallel route building algorithm for the vehicle routing and scheduling problem with time windows [J]. European Journal of Operational Research, 1993, 66 (3): 331 – 340.

[92] FOISY C, POTVIN J Y. Implementing an insertion heuristic for vehicle routing on parallel hardware [J]. Computers & Operations Research, 1993, 20 (7): 737 – 745.

[93] IOANNOU G, KRITIKOS M, PRASTACOS G. A greedy look – ahead heuristic for the vehicle routing problem with time windows [J]. Journal of the Operational Research Society, 2001, 52 (5): 523 – 537.

[94] LIN S. Computer solutions of the traveling salesman problem [J]. Bell System Technical Journal, 1965, 44 (10): 2245 – 2269.

[95] TAILLARD É, BADEAU P, GENDREAU M, et al. A tabu search heuristic for the vehicle routing problem with soft time windows [J]. Transportation Science, 1997, 31 (2): 170 – 186.

[96] POTVIN J Y, KERVAHUT T, GARCIA B L, et al. The vehicle routing problem with time windows part I: tabu search [J]. INFORMS Journal on Computing, 1996, 8 (2): 158 – 164.

[97] POTVIN J Y, BENGIO S. The vehicle routing problem with time windows part II: Genetic search [J]. INFORMS journal on Computing, 1996, 8 (2): 165 – 172.

[98] OSMAN I H. Metastrategy simulated annealing and tabu search algorithms

for the vehicle routing problem [J]. Annals of Operations Research, 1993, 41 (4): 421 - 451.

[99] HOLLAND J H. Adaptation in natural and artificial systems: an introductory analysis with applications to biology, control, and artificial intelligence [M]. MIT press, 1992.

[100] BERGER J, BARKAOUI M, BRÄYSY O. A route - directed hybrid genetic approach for the vehicle routing problem with time windows [J]. INFOR: Information Systems and Operational Research, 2003, 41 (2): 179 - 194.

[101] BERGER J, BARKAOUI M. A parallel hybrid genetic algorithm for the vehicle routing problem with time windows [J]. Computers & Operations Research, 2004, 31 (12): 2037 - 2053.

[102] BENYAHIA I, POTVIN J Y. Decision support for vehicle dispatching using genetic programming [J]. IEEE Transactions on Systems, Man, and Cybernetics - Part A: Systems and Humans, 1998, 28 (3): 306 - 314.

[103] GEN M, CHENG R. Genetic algorithms and engineering optimization [M]. Wiley - Interscience, 2008.

[104] TAN K C, LEE T H, OU K, et al. A messy genetic algorithm for the vehicle routing problem with time window constraints [C] //Proceedings of the 2001 Congress on Evolutionary Computation (IEEE Cat. No. 01TH8546). IEEE, 2001, 1: 679 - 686.

[105] CHEN T K, HAY L L, KE O. Hybrid genetic algorithms in solving vehicle routing problems with time window constraints [J]. Asia - Pacific Journal of Operational Research, 2001, 18 (1): 121.

[106] ROMERO M, SHEREMETOV L, SORIANO A. A genetic algorithm for

the pickup and delivery problem: An application to the helicopter offshore transportation [M] //Theoretical advances and applications of fuzzy logic and soft computing. Springer, Berlin, Heidelberg, 2007: 435 – 444.

[107] JEON G, LEEP H R, SHIM J Y. A vehicle routing problem solved by using a hybrid genetic algorithm [J]. Computers & Industrial Engineering, 2007, 53 (4): 680 – 692.

[108] MARINAKIS Y, MARINAKI M. A hybrid genetic – particle swarm optimization algorithm for the vehicle routing problem [J]. Expert Systems with Applications, 2010, 37 (2): 1446 – 1455.

[109] SRINIVAS N, DEB K. Muiltiobjective optimization using nondominated sorting in genetic algorithms [J]. Evolutionary computation, 1994, 2 (3): 221 – 248.

[110] DEB K, PRATAP A, AGARWAL S, et al. A fast and elitist multiobjective genetic algorithm: NSGA – II [J]. IEEE transactions on evolutionary computation, 2002, 6 (2): 182 – 197.

[111] GLOVER F. Tabu search—part I [J]. ORSA Journal on computing, 1989, 1 (3): 190 – 206.

[112] CHAO I M. A tabu search method for the truck and trailer routing problem [J]. Computers & Operations Research, 2002, 29 (1): 33 – 51.

[113] SCHEUERER S. A tabu search heuristic for the truck and trailer routing problem [J]. Computers & Operations Research, 2006, 33 (4): 894 – 909.

[114] BRANDÃO J. A tabu search algorithm for the open vehicle routing problem [J]. European Journal of Operational Research, 2004, 157 (3): 552 – 564.

[115] MONTANÉ F A T, GALVAO R D. A tabu search algorithm for the vehi-

考虑乘客等待行为的柔性路径公交车实时调度方法

cle routing problem with simultaneous pick – up and delivery service ［J］. Computers & Operations Research, 2006, 33 (3): 595 – 619.

［116］ GENDREAU M, GUERTIN F, POTVIN J Y, et al. Parallel tabu search for real – time vehicle routing and dispatching ［J］. Transportation science, 1999, 33 (4): 381 – 390.

［117］ GENDREAU M, LAPORTE G, SEMET F. A dynamic model and parallel tabu search heuristic for real – time ambulance relocation ［J］. Parallel computing, 2001, 27 (12): 1641 – 1653.

［118］ ATTANASIO A, CORDEAU J F, GHIANI G, et al. Parallel tabu search heuristics for the dynamic multi – vehicle dial – a – ride problem ［J］. Parallel Computing, 2004, 30 (3): 377 – 387.

［119］ ICHOUA S, GENDREAU M, POTVIN J Y. Diversion issues in real – time vehicle dispatching ［J］. Transportation science, 2000, 34 (4): 426 – 438.

［120］ KIRKPATRICK S, GELATT JR C D, VECCHI M P. Optimization by simulated annealing ［J］. science, 1983, 220 (4598): 671 – 680.

［121］ ALFA A S, HERAGU S S, CHEN M. A 3 – opt based simulated annealing algorithm for vehicle routing problems ［J］. Computers & Industrial Engineering, 1991, 21 (1 – 4): 635 – 639.

［122］ FOX B L. Integrating and accelerating tabu search, simulated annealing, and genetic algorithms ［J］. Annals of Operations Research, 1993, 41 (2): 47 – 67.

［123］ CHIANG W C, RUSSELL R A. Simulated annealing metaheuristics for the vehicle routing problem with time windows ［J］. Annals of Operations Research, 1996, 63 (1): 3 – 27.

［124］ BACHEM A, HOCHSTÄTTLER W, MALICH M. The simulated trading heuristic for solving vehicle routing problems [J]. Discrete Applied Mathematics, 1996, 65 (1-3): 47-72.

[125] CZECH Z J, CZARNAS P. Parallel simulated annealing for the vehicle routing problem with time windows [C] //Proceedings 10th Euromicro workshop on parallel, distributed and network - based processing. IEEE, 2002: 376-383.

[126] BENT R, VAN HENTENRYCK P. A two - stage hybrid local search for the vehicle routing problem with time windows [J]. Transportation Science, 2004, 38 (4): 515-530.

[127] OHLMANN J W, THOMAS B W. A compressed - annealing heuristic for the traveling salesman problem with time windows [J]. INFORMS Journal on Computing, 2007, 19 (1): 80-90.

[128] GAMBARDELLA L M, DORIGO M. Ant - Q: A reinforcement learning approach to the traveling salesman problem [M] //Machine learning proceedings 1995. Morgan Kaufmann, 1995: 252-260.

[129] GAMBARDELLA L M, DORIGO M. Solving symmetric and asymmetric TSPs by ant colonies [C] //Proceedings of IEEE international conference on evolutionary computation. IEEE, 1996: 622-627.

[130] DORIGO M, GAMBARDELLA L M. Ant colony system: a cooperative learning approach to the traveling salesman problem [J]. IEEE Transactions on evolutionary computation, 1997, 1 (1): 53-66.

[131] STUTZLE T, HOOS H. MAX - MIN ant system and local search for the traveling salesman problem [C] //Proceedings of 1997 IEEE international conference on evolutionary computation (ICEC'97). IEEE, 1997: 309-314.

[132] BELL J E, MCMULLEN P R. Ant colony optimization techniques for the

vehicle routing problem [J]. Advanced engineering informatics, 2004, 18 (1): 41 – 48.

[133] GHIANI G, MANNI E, QUARANTA A, et al. Anticipatory algorithms for same – day courier dispatching [J]. Transportation Research Part E: Logistics and Transportation Review, 2009, 45 (1): 96 – 106.

[134] YU B, YANG Z Z, YAO B. An improved ant colony optimization for vehicle routing problem [J]. European journal of operational research, 2009, 196 (1): 171 – 176.

[135] BALSEIRO S R, LOISEAU I, RAMONET J. An ant colony algorithm hybridized with insertion heuristics for the time dependent vehicle routing problem with time windows [J]. Computers & Operations Research, 2011, 38 (6): 954 – 966.

[136] 丁秋雷, 胡祥培, 李永先. 求解有时间窗的车辆路径问题的混合蚁群算法 [J]. 系统工程理论与实践, 2007, 27 (10): 98 – 104.

[137] KENNEDY J, EBERHART R. Particle swarm optimization [C] //Proceedings of ICNN'95 – international conference on neural networks. IEEE, 1995, 4: 1942 – 1948.

[138] MARINAKIS Y, MARINAKI M. A hybrid genetic – particle swarm optimization algorithm for the vehicle routing problem [J]. Expert Systems with Applications, 2010, 37 (2): 1446 – 1455.

[139] MOGHADDAM B F, RUIZ R, SADJADI S J. Vehicle routing problem with uncertain demands: An advanced particle swarm algorithm [J]. Computers & Industrial Engineering, 2012, 62 (1): 306 – 317.

[140] BRANCHINI R M, ARMENTANO V A, LØKKETANGEN A. Adaptive granular local search heuristic for a dynamic vehicle routing problem [J]. Computers & Operations Research, 2009, 36 (11): 2955 – 2968.

[141] KHOUADJIA M R, ALBA E, JOURDAN L, et al. Multi – swarm optimization for dynamic combinatorial problems: A case study on dynamic vehicle routing problem [C] //International Conference on Swarm Intelligence. Springer, Berlin, Heidelberg, 2010: 227 – 238.

[142] MIRABI M, GHOMI S M T F, JOLAI F. Efficient stochastic hybrid heuristics for the multi – depot vehicle routing problem [J]. Robotics and Computer – Integrated Manufacturing, 2010, 26 (6): 564 – 569.

[143] LIN S W, LEE Z J, YING K C, et al. Applying hybrid meta – heuristics for capacitated vehicle routing problem [J]. Expert Systems with Applications, 2009, 36 (2): 1505 – 1512.

[144] BENDOLY E, DONOHUE K, SCHULTZ K L. Behavior in operations management: Assessing recent findings and revisiting old assumptions [J]. Journal of operations management, 2006, 24 (6): 737 – 752.

[145] BENDOLY E, CROSON R, GONCALVES P, et al. Bodies of knowledge for research in behavioral operations [J]. Production and operations management, 2010, 19 (4): 434 – 452.

[146] LOCH C H, WU Y. Behavioral operations management [J]. Foundations and Trends ⓒ in Technology, Information and Operations Management, 2007, 1 (3): 121 – 232.

[147] DAVIS M M, MAGGARD M J. An analysis of customer satisfaction with waiting times in a two – stage service process [J]. Journal of operations management, 1990, 9 (3): 324 – 334.

[148] KRISTENSEN K, KANJI G K, DAHLGAARD J J. On measurement of customer satisfaction [J]. Total Quality Management, 1992, 3 (2): 123 – 128.

[149] LARSEN A, MADSEN O B. The dynamic vehicle routing problem [D]. In-

stitute of Mathematical Modelling, Technical University of Denmark, 2000.

[150] FERGUSON T S. Who solved the secretary problem? [J]. Statistical science, 1989, 4 (3): 282 – 289.

[151] ZITZLER E, LAUMANNS M, THIELE L. SPEA2: Improving the strength Pareto evolutionary algorithm [J]. TIK – report, 2001, 103.

[152] CORNE D W, JERRAM N R, KNOWLES J D, et al. PESA – II: Region – based selection in evolutionary multiobjective optimization [C] // Proceedings of the 3rd annual conference on genetic and evolutionary computation. 2001: 283 – 290.

[153] SONG F, LI R, ZHOU H. Feasibility and issues for establishing network – based carpooling scheme [J]. Pervasive and Mobile Computing, 2015, 24: 4 – 15.

附录　考虑乘客等待行为的实时调度模型的帕累托最优解集

序号									帕累托最优解集列表										f_1	f_2
1	1	16	6	4	2	5	9	7	15	3	10	14	13	8	11	12	1	2200	−1761
2	1	16	6	4	2	5	9	7	15	14	12	3	13	10	11	8	1	1381	−1425
3	1	16	6	4	2	5	9	7	15	14	3	11	10	12	8	13	1	1689	−1555
4	1	16	6	4	2	5	9	7	15	14	3	10	13	8	11	12	1	1508	−1478
5	1	16	6	4	2	5	9	7	15	11	3	12	13	8	14		1	1670	−1539
6	1	16	6	4	2	5	9	7	15	14	8	10	3	12	11	13	1	1490	−1472
7	1	16	6	4	2	5	9	7	15	10	8		14	13	12	11	1	2026	−1690
8	1	16	6	4	2	5	9	7	15	3	10	14	12	11	8	13	1	2083	−1712
9	1	16	6	4	2	5	9	7	15	11		14	8	13	10	12	1	2231	−1773
10	1	16	6	4	2	5	9	7	15	10	13	11	8	14	3	12	1	1822	−1600
11	1	16	6	4	2	5	9	7	15	3	14	10	12	8	11	13	1	2549	−1906
12	1	16	6	4	2	5	9	7	15	10	11	14	12	3	8	13	1	2012	−1682
13	1	16	6	4	2	5	9	7	8	3	10	13	14	12	11		1	1744	−1568
14	1	16	6	4	2	5	9	7	15	14	11	10	8	13	3	12	1	1393	−1431
15	1	16	6	4	2	5	9	7	15	10	14	12	8	13	3	11	1	2138	−1733
16	1	16	6	4	2	5	9	7	15	14	12	3	13	10	8	11	1	1368	−1419
17	1	16	6	4	2	5	9	7	15	3	14	13	12	8	10	11	1	2538	−1900
18	1	16	6	4	2	5	9	7	15	13	10	14	3	12	8	11	1	2181	−1751

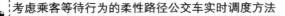
续表

序号	帕累托最优解集列表																f_1	f_2
19	1	16	6	4	2	5	9	7	15	14	10	3	12	8	11	13	1	1568	−1505
20	1	16	6	4	2	5	9	7	15	13	3	10	8	14	12	11	1	1720	−1558
21	1	16	6	4	2	5	9	7	15	14	12	3	13	8	10	11	1	1421	−1441
22	1	16	6	4	2	5	9	7	15	3	10	14	11	8	13	12	1	2169	−1749
23	1	16	6	4	2	5	9	7	15	3	14	12	10	13	8	11	1	2350	−1821
24	1	16	6	4	2	5	9	7	15	10	14	3	11	8	12	13	1	2372	−1834
25	1	16	6	4	2	5	9	7	15	3	14	10	12	11	8	13	1	2525	−1896
26	1	16	6	4	2	5	9	7	15	14	3	11	8	12	10	13	1	1630	−1529
27	1	16	6	4	2	5	9	7	15	3	10	14	8	12	13	11	1	2276	−1794
28	1	16	6	4	2	5	9	7	15	14	8	10	13	12	3	11	1	1468	−1460
29	1	16	6	4	2	5	9	7	15	3	14	8	12	10	11	13	1	2562	−1911
30	1	16	6	4	2	5	9	7	15	12	14	3	8	10	11	13	1	1925	−1643
31	1	16	6	4	2	5	9	7	15	3	12	8	11	14	10	13	1	2130	−1727
32	1	16	6	4	2	5	9	7	15	14	12	10	8	11	3	13	1	1256	−1374
33	1	16	6	4	2	5	9	7	15	14	8	12	10	13	3	11	1	1525	−1483
34	1	16	6	4	2	5	9	7	15	14	10	8	11	12	13	3	1	1382	−1426
35	1	16	6	4	2	5	9	7	15	8	10	3	14	13	11	12	1	1992	−1675
36	1	16	6	4	2	5	9	7	15	14	10	8	3	13	12	11	1	1461	−1459
37	1	16	6	4	2	5	9	7	15	3	14	8	11	13	10	12	1	2454	−1865
38	1	16	6	4	2	5	9	7	15	14	10	3	12	11	13	8	1	1584	−1512
39	1	16	6	4	2	5	9	7	15	3	13	10	14	11	8	12	1	2048	−1695
40	1	16	6	4	2	5	9	7	15	10	8	14	3	13	11	12	1	2150	−1740
41	1	16	6	4	2	5	9	7	15	14	8	10	3	13	12	11	1	1426	−1445
42	1	16	6	4	2	5	9	7	15	14	10	3	8	12	11	13	1	1489	−1472
43	1	16	6	4	2	5	9	7	15	3	14	8	10	13	12	11	1	2456	−1866
44	1	16	6	4	2	5	9	7	15	11	3	12	8	13	10	14	1	1800	−1589

续表

序号	帕累托最优解集列表																	f_1	f_2
45	1	16	6	4	2	5	9	7	15	8	3	10	13	14	11	12	1	1789	−1587
46	1	16	6	4	2	5	9	7	15	13	10	8	3	14	11	12	1	1754	−1573
47	1	16	6	4	2	5	9	7	15	14	10	3	12	11	13	8	1	1584	−1512
48	1	16	6	4	2	5	9	7	15	8	10	14	3	11	13	12	1	2197	−1759
49	1	16	6	4	2	5	9	7	15	3	12	10	13	8	11	14	1	1908	−1634
50	1	16	6	4	2	5	9	7	15	14	3	10	13	11	8	12	1	1528	−1487
51	1	16	6	4	2	5	9	7	15	11	10	14	12	13	8	3	1	1957	−1658
52	1	16	6	4	2	5	9	7	15	3	10	8	14	13	12	11	1	2063	−1704
53	1	16	6	4	2	5	9	7	15	14	10	3	12	11	8	13	1	1543	−1495
54	1	16	6	4	2	5	9	7	15	10	13	11	14	8	3	12	1	1938	−1649
55	1	16	6	4	2	5	9	7	15	14	3	10	12	8	11	13	1	1616	−1524
56	1	16	6	4	2	5	9	7	15	10	14	11	8	13	3	12	1	2182	−1752
57	1	16	6	4	2	5	9	7	15	3	14	13	8	12	10	11	1	2543	−1902
58	1	16	6	4	2	5	9	7	15	14	3	10	13	8	12	11	1	1553	−1497
59	1	16	6	4	2	5	9	7	15	13	14	3	12	8	10	11	1	2422	−1847
60	1	16	6	4	2	5	9	7	15	3	14	12	10	13	11	8	1	2358	−1824
61	1	16	6	4	2	5	9	7	15	10	14	3	12	11	8	13	1	2435	−1860
62	1	16	6	4	2	5	9	7	15	14	3	12	8	13	10	11	1	1760	−1582
63	1	16	6	4	2	5	9	7	15	3	14	10	11	8	13	12	1	2471	−1873
64	1	16	6	4	2	5	9	7	15	14	12	8	3	10	11	13	1	1304	−1393
65	1	16	6	4	2	5	9	7	15	3	14	8	11	10	13	12	1	2428	−1854
66	1	16	6	4	2	5	9	7	15	3	10	8	12	14	13	11	1	1864	−1619
67	1	16	6	4	2	5	9	7	15	14	10	3	13	12	8	11	1	1495	−1474
68	1	16	6	4	2	5	9	7	15	3	14	8	10	11	1			2355	−1823
69	1	16	6	4	2	5	9	7	15	14	10	12	8	11	3	13	1	1531	−1488
70	1	16	6	4	2	5	9	7	15	3	14	10	8	11	12	13	1	2443	−1861

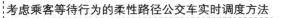

续表

序号	帕累托最优解集列表																	f_1	f_2
71	1	16	6	4	2	5	9	7	15	3	14	10	12	8	13	11	1	2580	−1919
72	1	16	6	4	2	5	9	7	15	14	3	10	8	11	12	13	1	1505	−1477
73	1	16	6	4	2	5	9	7	15	3	11	13	10	12	8	14	1	1853	−1612
74	1	16	6	4	2	5	9	7	15	3	10	12	11	13	8	14	1	1801	−1591
75	1	16	6	4	2	5	9	7	15	11	3	14	12	13	8	10	1	2143	−1735
76	1	16	6	4	2	5	9	7	15	3	10	14	13	11	8	12	1	2218	−1769
77	1	16	6	4	2	5	9	7	15	13	3	10	12	14	8	11	1	1753	−1571
78	1	16	6	4	2	5	9	7	15	14	8	12	10	11	3	13	1	1557	−1497
79	1	16	6	4	2	5	9	7	15	10	14	3	8	13	12	11	1	2381	−1837
80	1	16	6	4	2	5	9	7	15	3	14	8	11	10	12	13	1	2468	−1871
81	1	16	6	4	2	5	9	7	15	3	8	10	14	11	13	12	1	2091	−1715
82	1	16	6	4	2	5	9	7	15	3	10	14	8	11	13	12	1	2208	−1765
83	1	16	6	4	2	5	9	7	15	12	14	10	3	8	11	13	1	1810	−1595
84	1	16	6	4	2	5	9	7	15	14	8	10	3	11	13	12	1	1451	−1456
85	1	16	6	4	2	5	9	7	15	14	10	13	3	8	11	12	1	1403	−1435
86	1	16	6	4	2	5	9	7	15	3	14	8	10	11	12	13	1	2469	−1872
87	1	16	6	4	2	5	9	7	15	3	10	14	8	13	12	11	1	2255	−1785
88	1	16	6	4	2	5	9	7	15	8	3	14	13	10	11	12	1	2190	−1754
89	1	16	6	4	2	5	9	7	15	10	14	8	3	13	11	12	1	2271	−1790
90	1	16	6	4	2	5	9	7	15	13	10	14	3	8	11	12	1	2075	−1706
91	1	16	6	4	2	5	9	7	15	8	14	10	12	3	11	13	1	2404	−1842
92	1	16	6	4	2	5	9	7	15	14	12	3	10	11	13	8	1	1410	−1438
93	1	16	6	4	2	5	9	7	15	10	8	14	3	12	13	11	1	2239	−1778
94	1	16	6	4	2	5	9	7	15	3	14	13	11	8	10	12	1	2470	−1871
95	1	16	6	4	2	5	9	7	15	14	10	12	11	13	8	3	1	1544	−1493
96	1	16	6	4	2	5	9	7	15	14	10	8	3	13	11	12	1	1452	−1456

序号	帕累托最优解集列表																f_1	f_2
97	1	16	6	4	2	5	9	7	15	8	13	11	10	14	3	12	1	1964	−1657
98	1	16	6	4	2	5	9	7	15	3	12	8	11	13	14	10	1	2057	−1695
99	1	16	6	4	2	5	9	7	15	3	14	11	10	8	13	12	1	2440	−1860
100	1	16	6	4	2	5	9	7	15	3	12	14	8	10	13	11	1	2233	−1771
101	1	16	6	4	2	5	9	7	15	14	10	8	12	3	11	13	1	1569	−1504
102	1	16	6	4	2	5	9	7	15	11	8	12	3	13	10	14	1	1619	−1513